EDITION MANAGEMENT

Claus Meyer

Betriebswirtschaftliche Kennzahlen und Kennzahlen-Systeme

6., überarb. und erw. Auflage

Verlag Wissenschaft & Praxis

Bibliografische Information der Deutschen Nationalbibliothek

Die Deutsche Nationalbibliothek verzeichnet diese Publikation in der Deutschen Nationalbibliografie; detaillierte bibliografische Daten sind im Internet über http://dnb.d-nb.de abrufbar.

ISBN 978-3-89673-599-7
© Verlag Wissenschaft & Praxis
Dr. Brauner GmbH 2011
D-75447 Sternenfels, Nußbaumweg 6
Tel. +49 7045 93 00 93 Fax +49 7045 93 00 94
verlagwp@t-online.de www.verlagwp.de

Druck und Bindung:
Media-Print Informationstechnologie GmbH, Paderborn

Alle Rechte vorbehalten

Das Werk einschließlich aller seiner Teile ist urheberrechtlich geschützt. Jede Verwertung außerhalb der engen Grenzen des Urheberrechtsgesetzes ist ohne Zustimmung des Verlages unzulässig und strafbar. Das gilt insbesondere für Vervielfältigungen, Übersetzungen, Mikroverfilmungen und die Einspeicherung und Verarbeitung in elektronischen Systemen.

Vorwort zur 6. Auflage

Seit Jahrzehnten beschäftigt sich die Betriebswirtschaftslehre mit Kennzahlen. Ihre Gewinnung aus Bilanzen und Erfolgsrechnungen stand zunächst im Vordergrund. Überwiegend dienten die ermittelten Kennzahlen der Kontrolle durch Betriebe oder durch externe Institutionen, so z. B. im Rahmen von Rentabilitätsanalysen oder von Kreditwürdigkeitsprüfungen durch Banken. Die Anwendungsbereiche verschoben sich nach und nach. Die rasch wechselnde Konjunktur, das Auftreten neuer Entscheidungssituationen forderte von den Betrieben ein immer schnelleres Anpassen an veränderte Wirtschaftsbedingungen. Kennzahlen werden heute vorwiegend als Instrumente der Führung, zum Treffen von Entscheidungen eingesetzt. Kennzahlen-Systeme helfen zum einen bei der Quantifizierung des Zielsystems von Betrieben, zum anderen sollen sie die Erkenntnisgewinnung verbessern, Ursachen-Wirkungs-Zusammenhänge aufzeigen und dadurch die Steuerung und Analyse von Betrieben erleichtern. Die weit vorangeschrittene technische Entwicklung der Informationsverarbeitung gestattet die rationelle Ermittlung und Aufbereitung großer Mengen quantifizierter Daten. Betriebswirtschaftliche Kennzahlen und Kennzahlen-Systeme werden daher für die Lenkung von Betrieben in Zukunft eine ständig größere Bedeutung erlangen.

Das Buch soll Studenten und Praktiker mit dem für jeden Betrieb außerordentlich wichtigen Bereich der betriebswirtschaftlichen Kennzahlen und Kennzahlen-Systeme bekannt machen. Die Literaturhinweise im Text und das Verzeichnis des Schrifttums am Ende des Buches gestatten ihm ein Auseinandersetzen mit der komplexen Materie. Die Forschung und Entwicklung ist, wie die Beiträge der letzten Jahre beweisen, noch längst nicht abgeschlossen.

Eine Analyse des Sachgebiets ergibt, dass sich die dabei zu lösenden Probleme auf wenige Fragenkreise reduzieren lassen, nämlich

(1) Was wird unter betriebswirtschaftlichen Kennzahlen und Kennzahlen-Systemen verstanden?

(2) Welchen Zwecken dienen betriebswirtschaftliche Kennzahlen und Kennzahlen-Systeme?

(3) Was bestimmt den Bedarf an Kennzahlen und Kennzahlen-Systemen und nach welchen Kriterien werden sie gebildet?

(4) Wie werden Kennzahlen und Kennzahlen-Systeme ermittelt?

(5) Wie ist bei der Auswertung und Darstellung von Kennzahlen und Kennzahlen-Systemen zu verfahren?

Das Studienbuch folgt in seiner Gliederung dieser Systematik. In einem weiteren Abschnitt wird eine Auswahl häufig verwendeter betriebswirtschaftlicher Kennzahlen dargeboten. Ein Kapitel mit bekannten und im Wirtschaftsleben erprobten Kennzahlen-Systemen schließt die Einführung ab.

Diese Auflage wurde in allen Teilen überarbeitet. Moderne Kennzahlen und Kennzahlen-Systeme wurden aufgenommen.

Hinweise auf das Schrifttum am Ende der einzelnen Kapitel sollen ein tieferes Eindringen und weiterführende Studien ermöglichen. Dabei wurde auf jüngere, besser erreichbare Publikationen zurückgegriffen. Das Literaturverzeichnis enthält aber auch noch die älteren Veröffentlichungen, um einen möglichst vollständigen Überblick über die zahlreichen Publikationen dieses Sachgebiets zu geben.

Zur Verdeutlichung der Sachverhalte sind zusätzliche Beispiele und Abbildungen eingefügt worden. Der Verwendungszweck und die Zielsetzung der einzelnen Kennzahlen wurde bei der funktional geordneten Zusammenstellung für den jeweiligen Einsatzbereich dokumentiert.

Stuttgart, im Juni 2011   Claus Meyer

Inhaltsverzeichnis

Vorwort zur 6. Auflage 5
Abbildungsverzeichnis 13
Abkürzungsverzeichnis 15
I. Grundlagen 17
   1. Betriebswirtschaftliche Kennzahlen 17
      a) Begriff 17
      b) Arten 22
      Literaturhinweise 25
   2. Betriebswirtschaftliche Kennzahlen-Systeme 25
      Literaturhinweise 29
   3. Die Funktion betriebswirtschaftlicher Kennzahlen und Kennzahlen-Systeme im Rahmen des Betriebs- und Informationsprozesses 29
      Literaturhinweise 31
II. Einsatzmöglichkeiten von Kennzahlen und Kennzahlen-Systemen 33
   1. Kennzahlen und Kennzahlen-Systeme als Führungsinstrumente 33
      Literaturhinweise 36
   2. Einsatzbereiche 36
      Literaturhinweise 37
   3. Voraussetzungen für einen Einsatz 37
      Literaturhinweise 40
III. Bestimmungsgründe für den Bedarf und Kriterien für die Bildung von betriebswirtschaftlichen Kennzahlen und Kennzahlen-Systemen 41
   1. Betriebliche Aufgaben und Informationsbedarf 41
      Literaturhinweise 43
   2. Kriterien für die Bildung 43
      a) Die Eigenschaften von Informationen als Auswahlkriterium 43
      b) Zweckeignung 44
      c) Genauigkeit 45
      d) Aktualität 46
      e) Kosten-Nutzen-Relation 47
      Literaturhinweise 48

3. »Optimale« Kennzahlen und Kennzahlen-Systeme ... 48
   Literaturhinweise ... 49

IV. Ermittlung von Kennzahlen und Werten in Kennzahlen-Systemen ... 51
   1. Stufen und Methoden der Ermittlung ... 51
      a) Stufen der Ermittlung ... 51
      b) Mathematische Methoden ... 52
      c) Graphische Methoden ... 52
      d) Methode der Schätzung ... 53
      e) Charakterisierung der Kennzahlen
         nach ihren Struktur-Merkmalen ... 53
      Literaturhinweise ... 56
   2. Unterlagen für die Ermittlung ... 57
      Exkurs: Aufbereitung des Jahresabschlusses ... 60
      Literaturhinweise ... 62
   3. Verfahren der Aufbereitung ... 63
      a) Manuelle Aufbereitung ... 63
      b) Maschinelle Aufbereitungstechniken ... 63
      Literaturhinweise ... 64
   4. Fehler, Fehlerausgleich, Fehleraggregation ... 64
      a) Ursachen von Fehlern ... 64
      b) Ermittlungsfehler und ihre Auswirkungen bei Kennzahlen ... 65
      c) Ermittlungsfehler und ihre Auswirkungen
         bei Kennzahlen-Systemen ... 69
      Literaturhinweise ... 70

V. Auswertung und Darstellung von Kennzahlen und Kennzahlen-Systemen .. 71
   1. Erkenntniswert von Kennzahlen und Kennzahlen-Systemen ... 71
      Literaturhinweise ... 73
   2. Inner- und zwischenbetriebliche Vergleiche als Instrumente
      der Erkenntnisgewinnung ... 73
      a) Begriff, Arten und Aufgaben von Betriebsvergleichen ... 73
      b) Voraussetzungen und Störungsfaktoren beim inner-
         und zwischenbetrieblichen Vergleich ... 75
      c) Vergleiche als Methode zur Beurteilung ... 75
      d) Vergleiche als Methode der Ursachenforschung ... 78
      Literaturhinweise ... 79

3. Kennzahlen-Systeme mit rechentechnischer Verknüpfung als Instrumente zur Aufdeckung von Ursachen-Wirkungszusammenhängen 80
Literaturhinweise 80

4. Überprüfung der qualitativen Eigenschaften von Kennzahlen und Kennzahlen-Systemen 80
Literaturhinweise 81

5. Verfahren der Darstellung 81
 a) Tabellarische Darstellungsmethoden 81
 b) Graphische Darstellungsmethoden 83
Literaturhinweise 86

6. Berichtswesen als innerbetriebliches Kommunikationsinstrument 87
Literaturhinweise 88

VI. Ausgewählte Kennzahlen aus der betrieblichen Praxis 89

1. Kennzahlen aus dem Bereich der Beschaffung 89
 a) Bestellwesen 90
 b) Einkauf 92
 c) Preisverhältnisse 93
Literaturhinweise 94

2. Kennzahlen aus dem Bereich der Lagerwirtschaft 95
 a) Ermittlung von Lagerbeständen 95
 b) Ermittlung von Lagerbewegungen 97
Literaturhinweise 99

3. Kennzahlen aus dem Bereich der Produktion 99
 a) Einsatz von Produktionsfaktoren 99
 b) Kapazität und Beschäftigung 101
 c) Produktivität, Wirtschaftlichkeit, Wertschöpfung 103
 d) Forschung und Entwicklung 106
Literaturhinweise 107

4. Kennzahlen aus dem Bereich des Absatzes 107
 a) Preis und Preisentwicklung 107
 b) Angebots- und Auftragsverhältnisse 110
 c) Umsatz und Umsatzbeurteilung 111
Literaturhinweise 114

5. Kennzahlen aus dem Bereich der Personalwirtschaft 114
   a) Bestand und Struktur des Personals 114
   b) Arbeitszeit, An- und Abwesenheit 116
   c) Personalaufwand und Personalbeurteilung 117
   Literaturhinweise 119

6. Kennzahlen aus dem Bereich der Finanzwirtschaft und
   des Jahresabschlusses 120
   a) Vermögensstruktur, Abschreibungen, Investitionen 120
   b) Kapitalstruktur 123
   c) Umschlagshäufigkeiten von Vermögen und Kapital 125
   d) Finanzierung und Liquidität 127
   e) Aufwand und Ertrag, Ertragslage 132
   Literaturhinweise 139

VII. Kennzahlen-Systeme aus der betrieblichen Praxis 141

1. DuPont-System of Financial Control 141
   Literaturhinweise 146

2. Kennzahlen-System des Zentralverbandes der Elektrotechnischen
   Industrie e.V. (ZVEI) 146
   Literaturhinweise 149

3. MIDIAS – Management-Informations- und Diagnosesystem 150
   Literaturhinweise 156

4. Rentabilitäts- und Liquiditätsorientiertes Kennzahlen-System 156
   Literaturhinweise 158

5. Balanced Scorecard 159
   Literaturhinweise 161

VIII. Wertorientierte Unternehmensführung 163

1. Ziele 163

2. Verfahren 163
   a) Discounted Cash Flow (DCF) 163
   b) Cash Flow Return on Investment (CFROI) 166
   c) Economic Value Added (EVA) 167

3. Einsatzmöglichkeiten 169
   a) Discounted Cash Flow (DCF) 169
   b) Cash Flow Return on Investment (CFROI) 169
   c) Economic Value Added (EVA) 169
   Literaturhinweise 172

Literaturverzeichnis 175
    Literatur seit 1990 175
    Literatur vor 1990 179
Stichwortverzeichnis 187

Abbildungsverzeichnis

Abbildung 1: Objekt der Betriebswirtschaftslehre 18
Abbildung 2: Beziehungen zwischen Modellen, Subjekten und Originalen..........21
Abbildung 3: Arten betriebswirtschaftlicher Kennzahlen 23
Abbildung 4: Quantitative, inhaltliche und zeitliche Struktur von Kennzahlen ..24
Abbildung 5: Arten betriebswirtschaftlicher Kennzahlen-Systeme 28
Abbildung 6: Zusammenhang zwischen Handlungsphasen
und Informationsprozess 31
Abbildung 7: Deduktiv orientiertes Mittel-Zweck-Schema (nach Heinen) 33
Abbildung 8: Kybernetischer Regelkreis von Betrieben
(globaler Einfachregelkreis) 35
Abbildung 9: Dokumentation von Kennzahlen und Kennzahlen-Systemen
(ZVEI/BWA) 39
Abbildung 10: Betriebliche Aufgaben und Informationsbedarf 42
Abbildung 11: Zeitlicher Rahmen der Analyse 47
Abbildung 12: Ermittlung des Mindestumsatzes bzw. Beschäftigungsgrades.......52
Abbildung 13: Kennzahlen nach Strukturmerkmalen 56
Abbildung 14: Arten von Unterlagen 57
Abbildung 15: Informationsqualität von Unterlagen...58
Abbildung 16: Verfahren der Aufbereitung und ihre Kennzeichnung...................64
Abbildung 17: Fehler bei Kennzahlen und Kennzahlen-Systemen 67
Abbildung 18: Korrekturfaktoren zur Ermittlung des tatsächlichen Ergebnisses ..68
Abbildung 19: Ausschnitt aus dem ZVEI-Kennzahlen-System 70
Abbildung 20: Erkenntniswert von Kennzahlen und Kennzahlen-Systemen 71
Abbildung 21: Arten des Betriebsvergleichs...74
Abbildung 22: Störungsfaktoren 76
Abbildung 23: Grundform einer Tabelle 82
Abbildung 24: Kombination zwischen mehrgliedriger und kumulativer Tabelle..82
Abbildung 25: Graphische Darstellung mit geometrischen Figuren 84

Abbildung 26: Größenmäßige Sachreihe (nach Koberstein) 85
Abbildung 27: Grundformen von Schaubildern 85
Abbildung 28: Farbe und Erlebniswert 86
Abbildung 29: Erfolgsspaltung – Gesamtkostenverfahren § 275 Abs. 2 HGB 138
Abbildung 30: DuPont-System of Financial Control 142
Abbildung 31: Kennzahlen-System mit Werten aus der Kostenrechnung 144
Abbildung 32: Kennzahlen-System mit Werten aus dem Jahresabschluss
nach dem HGB 145
Abbildung 33: Schematischer Aufbau des ZVEI-Kennzahlen-Systems 148
Abbildung 34: Ausschnitt aus dem ZVEI-Kennzahlen-System 149
Abbildung 35: Prüfung und Analysefelder 151
Abbildung 36: Erfolgsanalyse
(Kapitalgesellschaften, Gesamtkostenverfahren) 153
Abbildung 37: Bilanzstrukturanalyse (Kapitalgesellschaften) 154
Abbildung 38: Finanzflussanalyse 155
Abbildung 39: Das RL-Kennzahlensystem 157
Abbildung 40: Das erweiterte RL-Kennzahlensystem 158
Abbildung 41: Perspektiven der Balanced Scorecard 160
Abbildung 42: Komponenten des Shareholder Value nach Rappaport 164
Abbildung 43: EVA-System 168
Abbildung 44: EVA-System-Gesamtmodell 171
Abbildung 45: Ablauf des wertorientierten Controllings 172

Abkürzungsverzeichnis

Abs.	Absatz
AG	Aktiengesellschaft
AktG	Aktiengesetz
AO	Abgabenordnung
Aufl.	Auflage
BFuP	Betriebswirtschaftliche Forschung und Praxis
BWA	Betriebswirtschaftlicher Ausschuss
DB	Der Betrieb
DRS	Deutscher Rechnungslegungs Standard
€	Euro
EDV	Elektronische Datenverarbeitung
EStG	Einkommensteuergesetz
EVA	Economic Value Added
HdJ	Handbuch des Jahresabschlusses in Einzeldarstellungen
HGB	Handelsgesetzbuch
hrsg.	herausgegeben
HWB	Handwörterbuch der Betriebswirtschaftslehre
HWM	Handwörterbuch des Marketing
HWO	Handwörterbuch der Unternehmensführung und Organisation
HWR	Handwörterbuch des Rechnungswesens
HWRP	Handwörterbuch der Rechnungslegung und Prüfung
HWU	Handwörterbuch der Unternehmensführung und Controlling
IFRS	International Financial Reporting Standards
i.H.	im Hundert
KWG	Kreditwesengesetz
MWSt	Mehrwertsteuer
Nr.	Nummer
PublG	Publizitätsgesetz
RSt	Rückstellungen
Sp.	Spalte
WiSt	Wirtschaftswissenschaftliches Studium
WPg	Die Wirtschaftsprüfung
ZfB	Zeitschrift für Betriebswirtschaft
ZfbF	Zeitschrift für betriebswirtschaftliche Forschung
ZfO	Zeitschrift für Organisation
ZVEI	Zentralverband der Elektrotechnischen Industrie e.V.

I. Grundlagen

1. Betriebswirtschaftliche Kennzahlen

a) Begriff

Über den Begriff, die Terminologie und die Systematik betriebswirtschaftlicher Kennzahlen besteht in der Literatur keine einheitliche Auffassung. Mit teilweise recht unterschiedlicher Begründung finden sich folgende Bezeichnungen: Kennzahlen, Kennziffern, Kontrollzahlen, Kontrollziffern, Messzahlen, Messziffern, Ratio, Richtzahlen, Schlüsselgrößen, Schlüsselzahlen, Standardzahlen, Standardziffern. Der Einfachheit halber und um Missverständnisse zu vermeiden, wird im weiteren Verlauf lediglich der Begriff »Kennzahl« verwendet.

In der vorliegenden Arbeit werden *betriebswirtschaftliche Kennzahlen* verstanden als Zahlen, die Informationen über betriebswirtschaftliche Tatbestände beinhalten. Diese weit gefasste Definition ist durch folgende drei Merkmale gekennzeichnet:

(1) Betriebswirtschaftliche Tatbestände
(2) Informationen
(3) Zahlen.

Zu (1): Betriebswirtschaftliche Tatbestände.

Als *Objekt der Betriebswirtschaftslehre* wird der *Betrieb* angesehen, wobei nicht der Betrieb als ganzes, sondern lediglich der wirtschaftliche Bereich (Prozess der Leistungserstellung und der Leistungsverwertung i.w.S. nach dem ökonomischen Prinzip) heranzuziehen ist. Rein technische, juristische, soziologische Aspekte usw. gehören nicht zum Gegenstand der Betriebswirtschaftslehre. Die Grenzen fließen, eine eindeutige Abgrenzung bereitet Schwierigkeiten.

Unter *Betrieb* ist eine planvoll organisierte Wirtschaftseinheit, in der eine Kombination von Produktionsfaktoren (dispositive und ausführende Arbeit, Betriebsmittel und Werkstoffe) mit dem Ziel erfolgt, Sachgüter zu produzieren und Dienstleistungen bereitzustellen, zu verstehen. Ausgenommen werden üblicherweise in der Literatur und auch hier die Konsumtionswirtschaften (öffentliche und private Haushalte). Das *Unternehmen* stellt eine historische Erscheinungsform des Betriebes, nämlich im marktwirtschaftlichen System dar, wobei das ökonomische Prinzip ergänzt wird durch das erwerbswirtschaftliche (vgl. dazu *Abbildung 1*).

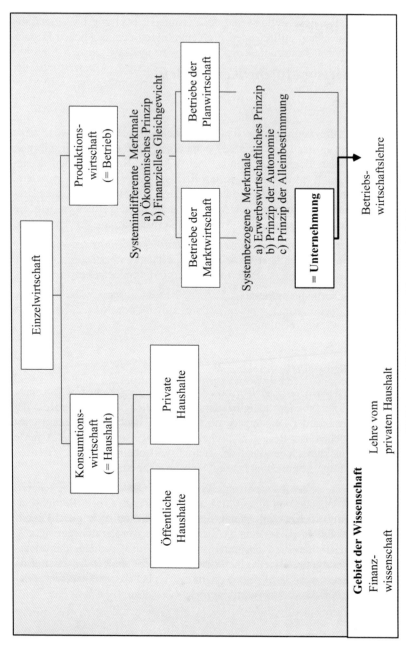

Abbildung 1: Objekt der Betriebswirtschaftslehre

I. GRUNDLAGEN   19

Der Prozess der Leistungserstellung und der Leistungsverwertung i.w.S. und alle in diesem Zusammenhang auftretenden Probleme bilden den sachlichen Bereich betriebswirtschaftlicher Kennzahlen und Kennzahlen-Systeme. In den betrieblichen Funktionen, z. B. Beschaffung, Produktion, Lagerung, Absatz, findet der Prozess der Leistungserstellung und der Leistungsverwertung eine konkretere Ausdrucksform.

Zu (2): Informationen.

Zur Durchführung des Prozesses der Leistungserstellung und der Leistungsverwertung i.w.S. nach dem ökonomischen Prinzip (Planung, Realisation, Kontrolle) benötigt ein Betrieb Informationen (= Informationsbedarf). Als Information wird dabei zweckorientiertes Wissen angesehen. Die Zweck- und Verwendungsorientiertheit des Wissens im Hinblick auf bestimmte Zielsetzungen und Aufgaben bildet den wesentlichen Bestandteil der Information und unterscheidet das Wissen von der Information.

Informationen stellen immaterielle Wirtschaftsgüter dar, die von den Betrieben zu beschaffen sind. Dieser Informationserwerb verursacht, unabhängig von der Art und Methode ihrer Gewinnung, meist erhebliche Kosten. Informationen besitzen, wie alle Wirtschaftsgüter, Eigenschaften, die wesentlich ihren Nutzen, ihren Wert (= Informationsbewertung) bestimmen.

Zu (3): Zahlen.

Die mit Hilfe betriebswirtschaftlicher Kennzahlen ausgedrückten Tatbestände sind quantitativer Natur, besitzen also eine numerische Dimension. Die zahlenmäßige Beschreibung geschieht durch einen Vergleich des zu messenden Sachverhalts (= Messobjekt) mit einem Maßstab, was als *Prozess des Messens* aufgefasst werden kann.

Als *Messmethode* lassen sich vier verschiedene Grundskalen unterscheiden, nämlich:

(1) Nominal-Skala (nominelles Messen):
    Es werden lediglich Klassen einfachster Art (gleich oder nicht gleich) gebildet, ohne Angabe der Rangordnung, keine Klassengrößen und keine Regelmäßigkeit. Als Beispiel sei hier der Kontenrahmen und der Kontenplan genannt, bei denen eine Klassenbezeichnung durch die Zuordnung einer Zahl erfolgt.

(2) *Ordinal-Skala* (ordinales Messen):

Es werden Klassen gebildet, mit einer Rangordnung (größer/kleiner), keine Gleichheit der Klassengrößen und keine Regelmäßigkeit. Bei Rangreihenverfahren im Zusammenhang mit der Arbeitsbewertung wird diese Grundskala eingesetzt.

(3) *Intervall-Skala* (kardinales Messen):

Es werden Klassen gebildet, mit einer Rangordnung und Regelmäßigkeit der Klassengrößen (Abständen zwischen den Messobjekten). Diese Art des Messens wird z. B. zur Feststellung der Soll-Ist-Abweichung im Rahmen der Plankostenrechnung verwandt.

(4) *Verhältnis-Skala* (kardinales Messen):

Es werden Klassen gebildet, mit einer Rangordnung und mit einer Regelmäßigkeit der Klassengrößen sowie der Angabe eines absoluten Nullpunktes. Dies geschieht u.a. bei der Bewertung von Vermögensgegenständen und Schulden, wobei dem Wert Null die Bedeutung eines absoluten Nullpunktes zukommt.

Von der »*Messbarkeit*« ist die »*Quantifizierbarkeit*« zu unterscheiden. Der zuerst genannte Begriff umfasst alle vier Skalen während der letztere sich auf den Bereich des kardinalen Messens, d.h. die Intervallskala und die Verhältnisskala, beschränkt. Als Kennzahlen werden lediglich Messergebnisse aus dem kardinalen Messbereich bezeichnet. Dazu gehören insbesondere die nach statistisch-methodischen Gesichtspunkten eingeteilten Zahlen, nämlich die *absoluten Zahlen* und die *Verhältniszahlen* (Beziehungszahlen, Gliederungszahlen, Indexzahlen). In der Literatur wird teilweise die Auffassung vertreten, nur Verhältniszahlen seien als Kennzahlen anzusehen. Dieser engen Auffassung kann nicht zugestimmt werden. Vielmehr besitzen auch absolute Zahlen in manchen Fällen eine erhebliche Bedeutung und sind zur Beurteilung von betriebswirtschaftlichen Tatbeständen notwendig. Dies gilt u.a. für die Zahl der Beschäftigten, den Umsatz und die Bilanzsumme zur Messung der Betriebsgröße (vgl. §§ 267, 293 HGB, §§ 1 und 11 PublG). Weiterhin gehören Werte aus Potenzen, Wurzelausdrücke, Multiplikationen usw. zu den betriebswirtschaftlichen Kennzahlen.

Grundsätzliche Aufgabe von *Modellen* ist die Abbildung der Realität. Zwischen Modell und Realität, dem Original, bestehen Ähnlichkeitsbeziehungen und zwischen dem Benutzer des Modells, dem Subjekt, und dem Modell Informationsbeziehungen. Unter Einschluss der Beziehungen zwischen Benutzer und Original lässt sich dieser Sachverhalt graphisch darstellen (vgl. *Abbildung 2*).

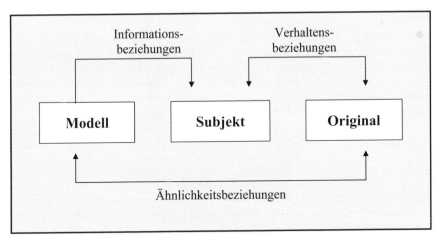

Abbildung 2: Beziehungen zwischen Modellen, Subjekten und Originalen

Beispiel zu Abbildung 2	
Modell:	Jahresabschluss bzw. Finanzbuchhaltung als Beschreibungs- oder Ermittlungsmodell
Subjekt:	Kreditinstitut als Kreditgeber
Original:	Unternehmen bzw. Unternehmensleitung
Ähnlichkeitsbeziehungen:	Die Ähnlichkeit wird mit Hilfe der Buchführungs- und Bilanzierungsvorschriften hergestellt, beachte aber die Ungenauigkeiten, u.a. durch Ansatz- und Bewertungswahlrechte.
Informationsbeziehungen:	Mit Hilfe der Jahresabschlussanalyse (s. § 18 KWG) erhält das Subjekt Informationen über die wirtschaftliche Lage des Originals, d.h. des Unternehmens.
Verhaltensbeziehungen:	Aufgrund der Informationen aus dem Modell trifft das Kreditinstitut als Subjekt konkrete Entscheidungen gegenüber dem Original und äußert dies durch entsprechendes Verhalten, z.B. durch Kreditgewährung.

Kennzahlen müssen aufgrund ihrer Eigenschaften als betriebswirtschaftliche Modelle angesehen werden. Meist stellen sie Beschreibungsmodelle oder Ermittlungsmodelle, aber auch Prognose- oder Entscheidungsmodelle dar. Es gelingt allerdings kaum, den abzubildenden betriebswirtschaftlichen Tatbestand mit allen seinen Merkmalen zu erfassen. Im Besonderen drücken Kennzahlen nur ein Merkmal oder einige wenige Merkmale quantitativ aus. Kennzahlen sind also regelmäßig Teil- oder Partialmodelle und nicht Gesamt- oder Totalmodelle.

b) Arten

Die Systematisierung von Kennzahlen erfolgt in der Literatur von den einzelnen Autoren nach verschiedenen Gesichtspunkten. So werden z.B. statistischmethodische Kriterien, die Art der Entstehung im Rechnungswesen, der Umfang des Aussagegebietes usw. herangezogen. Einen Überblick über die wichtigsten Systematisierungsversuche gibt *Abbildung 3*.

Eine besondere Bedeutung bei den im betriebswirtschaftlichen Schrifttum aufgezeigten und in der Praxis verwendeten Kennzahlen kommt den *absoluten Zahlen* (Einzelzahlen, Summen, Differenzen, Mittelwerte) und den *Verhältniszahlen* (Gliederungszahlen, Beziehungszahlen, Indexzahlen) zu. Diese Einteilung nach statistischmethodischen Gesichtspunkten deckt den größten Teil, nicht aber das gesamte Spektrum der Kennzahlenarten ab. So lassen sich z.B. Produkte, Wurzelausdrücke, Potenzen und dgl. nicht einordnen. Für die praktische Arbeit ist diese Einteilung zweckmäßig. Sie wird deshalb in diesem Buch für die Bildung von Gruppen, ergänzt um die darin nicht erfassten Kennzahlen, verwendet.

Kennzahlen können auch nach den für die Beschreibung, Ermittlung und Auswertung relevanten *Strukturmerkmalen* systematisiert werden. Dabei ist nach der quantitativen Struktur (Gesamtgröße oder Teilgröße), der zeitlichen Struktur (Zeitpunktgröße oder Zeitraumgröße) sowie nach der inhaltlichen Struktur (Mengengröße oder Wertgröße) zu unterscheiden.

Die Aufteilung nach der quantitativen Struktur in Gesamtgrößen und Teilgrößen bezieht sich auf Verhältniszahlen. Absolute Zahlen und die Zahlen der Sonderformen sind Gesamtgrößen oder aber im Verhältnis zu einer übergeordneten Größe wiederum Teilgrößen. So ist z.B. der Wert aller Maschinen eine Gesamtgröße bezüglich der Maschinen und zugleich eine Teilgröße bezüglich des Anlagevermögens und des Gesamtvermögens, zu der die Maschinen gehören. Einzelne Sonderformen von Kennzahlen besitzen keine zeitliche Struktur, sind also weder zeitpunkt- noch zeitraumbezogen, sondern davon losgelöst. Als Beispiel kann die optimale Losgröße angeführt werden. In solchen Fällen entfällt eine Charakterisierung nach der zeitlichen Struktur.

Systematisierungsmerkmal	Arten betriebswirtschaftlicher Kennzahlen							
betriebliche Funktionen	*Kennzahlen aus dem Bereich*							
	Beschaffung	Lagerwirtschaft	Produktion	Absatz	Personalwirtschaft	Finanzwirtschaft, Jahresabschluss		
statistisch-methodische Gesichtspunkte		*Absolute Zahlen*				*Verhältniszahlen*		
	Einzelzahlen	Summen	Differenzen	Mittelwerte	Beziehungszahlen	Gliederungszahlen	Indexzahlen	
quantitative Struktur	Gesamtgrößen				Teilgrößen			
zeitliche Struktur	Zeitpunktgrößen				Zeitraumgrößen			
inhaltliche Struktur	Wertgrößen				Mengengrößen			
Erkenntniswert	Kennzahlen mit selbständigem Erkenntniswert				Kennzahlen mit unselbständigem Erkenntniswert			
Quellen im Rechnungswesen	*Kennzahlen aus der*							
	Bilanz	Buchhaltung		Aufwands- u. Ertrags-/Kostenrechnung		Statistik		
Elemente des ökonomischen Prinzips	Einsatzwerte		Ergebniswerte		Maßstäbe aus Beziehungen zwischen Einsatz- und Ergebniswerten			
Gebiet der Aussage	gesamtbetriebliche Kennzahlen				teilbetriebliche Kennzahlen			
Planungsgesichtspunkte	Soll-Kennzahlen (zukunftsorientiert)				Ist-Kennzahlen (vergangenheitsorientiert)			
Zahl der beteiligten Unternehmungen	einzelbetriebliche Kennzahlen		Konzern-Kennzahlen		Branchen-Kennzahlen (Richtzahlen)		gesamtbetriebliche Kennzahlen	
Umfang der Ermittlung	Standard-Kennzahlen				betriebsindividuelle Kennzahlen			
Leistung des Betriebes	Wirtschaftlichkeits-Kennzahlen				Kennzahlen über die finanzielle Sicherheit			

Abbildung 3: Arten betriebswirtschaftlicher Kennzahlen

Wo fallen unsere KPI's rein?

Art	Formel	Beispiele
	Kennzahlenarten nach der quantitativen Struktur	
Typ A	absolute Zahlen als Gesamt- oder Teilgröße	Umsatz, Beschäftigte, Bilanzsumme, Anlagevermögen
Typ B	Verhältniszahlen als $\dfrac{\text{Gesamtgröße}}{\text{Gesamtgröße}}$	Umsatz pro Beschäftigter
Typ C	Verhältniszahlen als $\dfrac{\text{Teilgröße}}{\text{Gesamtgröße}}$	Anteil des Eigenkapitals am Gesamtkapital
Typ D	Verhältniszahlen als $\dfrac{\text{Gesamtgröße}}{\text{Teilgröße}}$	Anteil des Eigenkapitals am Gesamtkapital
Typ E	Sonderformen als Gesamt- oder Teilgröße	optimale Losgröße, Bestellmenge
	Kennzahlenarten nach der inhaltlichen Struktur	
Form 1	Mengengröße oder $\dfrac{\text{Mengengröße}}{\text{Mengengröße}}$	Beschäftigte, Anteile an Frauen bzw. Männern
Form 2	Wertgröße oder $\dfrac{\text{Wertgröße}}{\text{Wertgröße}}$	Umsatz-, Eigenkapitalrentabilität
Form 3	$\dfrac{\text{Mengengröße}}{\text{Wertgröße}}$	Preiselastizität
Form 4	$\dfrac{\text{Wertgröße}}{\text{Mengengröße}}$	Umsatz pro Beschäftigter
	Kennzahlenarten nach der zeitlichen Struktur	
Variante a	Zeitpunktgröße oder $\dfrac{\text{Zeitpunktgröße}}{\text{Zeitpunktgröße}}$	Bilanzsumme, Eigenkapitalquote
Variante b	Zeitraumgröße oder $\dfrac{\text{Zeitraumgröße}}{\text{Zeitraumgröße}}$	Jahresüberschuss, Materialaufwand, Personalaufwandsquote, Umsatzrentabilität
Variante c	$\dfrac{\text{Zeitpunktgröße}}{\text{Zeitraumgröße}}$	Lagerreichweite in Tagen
Variante d	$\dfrac{\text{Zeitraumgröße}}{\text{Zeitpunktgröße}}$	Eigenkapitalrentabilität

Abbildung 4: Quantitative, inhaltliche und zeitliche Struktur von Kennzahlen

Aus den quantitativen, inhaltlichen und zeitlichen Strukturmerkmalen und dem Gesagten lassen sich die in *Abbildung 4* zusammengefassten Kennzahlenarten entwickeln.

Die Kriterien eignen sich zur Charakterisierung von Kennzahlen. So kann z.b. die Kennzahl

$$\text{Eigenkapitalrentabilität} = \frac{\text{Jahresüberschuss} \times 100}{\text{Eigenkapital}} \%$$

beschrieben werden als eine Kennzahl mit den Strukturmerkmalen: Typ B, Form 2, Variante d oder kurz als Kennzahl vom Typ B 2 d.
Mit Hilfe der Systematisierung wird die Verbindung zu den Problemen der Ermittlung (vgl. Kap. IV, S. 53 ff.) und zur Beurteilung der in der Praxis *verwendeten* Kennzahlen (vgl. Kap. VI, S. 89 ff.) hergestellt.

Literaturhinweise

Gräfer, H., Schneider, G., Bilanzanalyse, 11. Aufl., Herne 2010, S. 18 ff.
Hartung, J., Elpelt, B., Klösener, K.-H., Statistik, 15. Aufl., München/Wien 2009, u.a. S. 55 ff.
Haussmann, F., Entscheidungsmodelle und Entscheidungskriterien, in: HWB, 5. Aufl., Stuttgart 1993, Sp. 896 ff.
Reichmann, Th., Controlling mit Kennzahlen und Management-Tools, 7. Aufl., München 2006, u.a. S. 58 ff.
Scharnbacher, K., Statistik im Betrieb, 14. Aufl., Wiesbaden 2004, S. 87 ff.
Siegwart, H., Reinecke, S., Sander, S., Kennzahlen für die Unternehmensführung, 7. Aufl., Bern 2009, S. 17 ff.
Wöhe, G., Bilanzierung und Bilanzpolitik, 9.Aufl., München 1997, S. 810 ff.
Wöhe, G., Einführung in die allgemeine Betriebswirtschaftslehre, 24. Aufl., München 2010, S. 20 ff.
Zentralverband der Elektrotechnischen Industrie e.V.: ZVEI-Kennzahlensystem, 4. Aufl., Frankfurt 1989, S. 13 ff.

2. Betriebswirtschaftliche Kennzahlen-Systeme

Betriebswirtschaftliche Kennzahlen-Systeme umfassen zwei oder mehr betriebswirtschaftliche Kennzahlen, die in rechentechnischer Verknüpfung oder in einem Systematisierungszusammenhang zu einander stehen und die Informationen über einen oder mehrere betriebswirtschaftliche Tatbestände beinhalten.

Die *Begriffsmerkmale* betriebswirtschaftlicher Kennzahlen (betriebswirtschaftliche Tatbestände, Informationen, Zahlen) wurden bereits erläutert. Kennzahlen-Systeme unterscheiden sich von Kennzahlen durch die rechentechnische Verknüpfung oder durch den Systematisierungszusammenhang mehrerer betriebswirtschaftlicher Kennzahlen. Danach sind

(1) Rechen-Systeme und
(2) Ordnungs-Systeme

zu unterscheiden. Rechentechnisch verknüpft sind Kennzahlen, wenn sich eine Kennzahl durch rechnerische Methoden aus zwei oder mehr Kennzahlen entwickeln lässt. Dies geschieht mit Hilfe der Kennzahlenzerlegung.

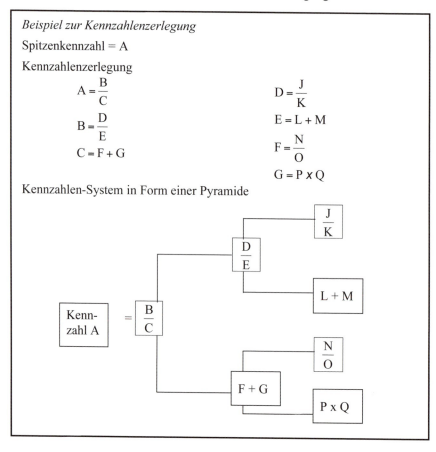

Beispiel zur Kennzahlenzerlegung

Spitzenkennzahl = A

Kennzahlenzerlegung

$$A = \frac{B}{C} \qquad D = \frac{J}{K}$$

$$B = \frac{D}{E} \qquad E = L + M$$

$$C = F + G \qquad F = \frac{N}{O}$$

$$G = P \times Q$$

Kennzahlen-System in Form einer Pyramide

Aus der *rechentechnischen Verknüpfung* der Elemente darf allerdings nicht geschlossen werden, dass erstens die Kennzahlen in einem funktionalen Zusammenhang stehen und zweitens monokausale Beziehungen zwischen den Größen vorliegen. Dies gilt vor allem für Kennzahlen-Systeme, die auf dem Zahlenmaterial der Finanzbuchhaltung und der Kostenrechnung basieren. Zwischen den Kennzahlen in Kennzahlen-Systemen dieses Bereiches bestehen in der Regel Zusammenhänge, jedoch mit vielen Beeinflussungsfaktoren (Multikausalität), so dass die Ursachen-Wirkungs-Zusammenhänge nur bedingt hervortreten.

Ein Bündel von Kennzahlen lässt sich mit Hilfe eines Systematisierungsgesichtspunktes, z.B. der betrieblichen Funktion Finanzierung oder eines Teilbereiches davon, ermitteln. Die Elemente wurden dabei quantifiziert, nicht aber die Elementebeziehungen. Problematisch und umstritten ist, ob eine Anzahl betriebswirtschaftlicher Kennzahlen, lediglich zusammengefasst nach einem derartigen Ordnungszusammenhang, ein »System« darstellt.

Kennzahlen-Systeme erfüllen – wie Kennzahlen – die Bedingungen betriebswirtschaftlicher Modelle. Im Gegensatz zu der einzelnen Kennzahl wird durch den Systematisierungszusammenhang bzw. die rechentechnische Verknüpfung der Umfang des Modells ausgeweitet. Bei Kennzahlen-Systemen mit Systematisierungszusammenhang stehen die Teile des Modells – verbunden durch den Sachzusammenhang – nebeneinander, während bei solchen mit rechentechnischer Verknüpfung die Glieder miteinander verwoben und quantifiziert sind.

Über die Probleme der *Systematisierung* von einzelnen Kennzahlen liegt eine große Anzahl von Beiträgen vor. Dagegen mangelt es an Versuchen, Kennzahlen-Systeme nach bestimmten Ordnungsmerkmalen zu klassifizieren. Die bislang in der Praxis verwandten betriebswirtschaftlichen Kennzahlen-Systeme stellen fast ausnahmslos Rechensysteme (in Form einer Pyramide) mit der Spitzenkennzahl »Rentabilität« dar. Anhand einiger relevanter Einteilungskriterien werden in *Abbildung 5* wichtige Arten betriebswirtschaftlicher Kennzahlen-Systeme aufgezeigt.

Systematisierungsmerkmal	Arten betriebswirtschaftlicher Kennzahlen-Systeme					
nach der Verknüpfung der Elemente	Rechen-Systeme (quantifizierte Elemente und quantifizierte Element-Beziehungen)			Ordnungs-Systeme (quantifizierte Elemente und unquantifizierte Element-Beziehungen)		
nach der Stellung im betrieblichen Sozial-System	Kennzahlen-Systeme als					
	Ziel-Systeme	Entscheidungs-Hierarchien		Kommunikations-Systeme	Kontroll-Systeme	
nach der Methode der Entwicklung	induktiv abgeleitete Kennzahlen-Systeme			deduktiv abgeleitete Kennzahlen-Systeme		
nach der Art der zu messenden Sachverhalte	Kennzahlen-Systeme zur Messung von Strukturen			Kennzahlen-Systeme zur Messung von Prozessen		
nach der zeitlichen Dimension	Kennzahlen-Systeme mit Plan (Soll)-Zahlen (Planungs-Systeme)			Kennzahlen-Systeme mit Ist-Zahlen (Kontroll-Systeme)		
nach der Zugehörigkeit zu einer betrieblichen Funktion	Kennzahlen-Systeme aus der Funktion					
	Beschaffung	Lagerwirtschaft	Produktion	Absatz	Personalwirtschaft	Finanzwirtschaft, Jahresabschluss
nach der Verwendungsorientierung	Analyse-Kennzahlen-Systeme			Steuerungs-Kennzahlen-Systeme		

Abbildung 5: Arten betriebswirtschaftlicher Kennzahlen-Systeme

I. GRUNDLAGEN   29

Literaturhinweise

Botta, V., Kennzahlensysteme als Führungsinstrumente, 5. Aufl., Berlin 1997
Gladen, W., Performance Measurement, 4. Aufl., Wiesbaden 2008, S. 61.
Hachmeister, D., Kennzahlensysteme in: HWB, 6. Aufl., Stuttgart 2007, Sp. 887 ff.
Horvath, P., Controlling, 11. Aufl., München 2011, S. 509 ff.
Reichmann, Th., Kennzahlensysteme, in: HWB, 5. Aufl., Stuttgart 1993, Sp. 2159 ff.
Reichmann, Th., Controlling mit Kennzahlen und Management-Tools, 7. Aufl., München 2006, S. 22 ff.
Weber, J., Schäffer, U., Entwicklung von Kennzahlen-Systemen, in: BFuP 2000, S. 1 ff.
Zentralverband der Elektrotechnischen Industrie e.V.: ZVEI-Kennzahlensystem, 4. Aufl., Frankfurt 1989

3. Die Funktion betriebswirtschaftlicher Kennzahlen und Kennzahlen-Systeme im Rahmen des Betriebs- und Informationsprozesses

Der Ablauf des betrieblichen Geschehens lässt sich als Prozess auffassen. In seiner einfachsten Darstellung können folgende *Handlungsphasen* unterschieden werden:

(1) Planung

Zielbestimmung, Problemerkenntnis, Planung i.e.S.

(2) Durch-(Aus-)führung

Realisierung der Planung i.e.S.

(3) Kontrolle

Vergleich des Geplanten mit dem Erreichten, Abweichungsanalyse.

Zur Steuerung und Durchführung, insbesondere der Planung und Kontrolle, benötigt ein Betrieb Informationen. Den sachlichen und mengenmäßigen Umfang sowie das Qualitätsniveau (= Informationsbedarf) bestimmt die zu lösende Aufgabe. Die hierzu erforderlichen Informationen müssen also beschafft, verarbeitet, gespeichert und übermittelt werden. Diese Arbeitsgänge können als *Phasen des Informationsprozesses* wie folgt zusammengefasst werden:

(1) Informationsbeschaffung
   inner- und außerbetriebliche Gewinnung in aktiver und passiver Form
(2) Informationsverarbeitung
   Umwandlung von Informationen durch Verdichten usw.
(3) Informationsspeicherung
   Aufzeichnung von Informationen auf bestimmte Speicher, z.B. Platten
(4) Informationsübermittlung
   Übertragung von einer Stelle (= Sender) zu einer anderen Stelle (= Empfänger), Kommunikation.

Betriebswirtschaftliche Kennzahlen und Kennzahlen-Systeme sind eine besondere Art der von Betrieben zu verwertenden Informationen, nämlich quantifizierte Informationen. Sie bilden, auch bedingt durch moderne Informationsverarbeitungsanlagen, den größten Teil der Informationen. Die allgemeinen Grundsätze der Informationstheorie gelten auch für die Ermittlung usw. von betriebswirtschaftlichen Kennzahlen und Kennzahlen-Systemen, wobei wegen der Quantifizierung betriebswirtschaftlicher Tatbestände oft spezifische Problemlösungen gefunden werden müssen. Kennzahlen und Kennzahlen-Systeme stellen zugleich Informations-Systeme dar, die das Management bei der Steuerung und Durchführung des Betriebsprozesses unterstützen.

Den Zusammenhang zwischen den Handlungsphasen und dem Informationsprozess zeigt *Abbildung 6* anschaulich auf.

I. GRUNDLAGEN 31

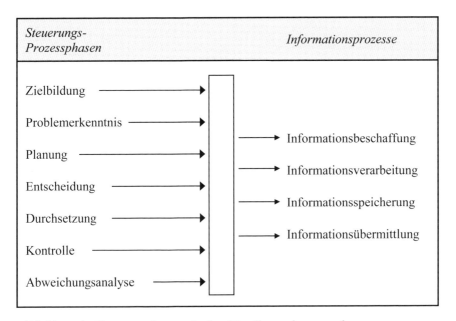

Abbildung 6: Zusammenhang zwischen Handlungsphasen und Informationsprozess

Literaturhinweise

Heinrich, L., Informationsmanagement, in: HWB, 5. Aufl., Stuttgart 1993, Sp. 1749 ff.
Horvath, P., Controlling, 11. Aufl., München 2011, S. 306 ff.
Küpper, V., Controlling, 5. Aufl., Stuttgart 2008, u.a. S. 151 ff.
Reichmann, Th., Controlling mit Kennzahlen und Management-Tools, 7. Aufl., München 2006, u.a. S. 3 ff.
Schott, G., Kennzahlen, Instrument der Unternehmensführung, 6. Aufl., Wiesbaden 1991

II. Einsatzmöglichkeiten von Kennzahlen und Kennzahlen-Systemen

1. Kennzahlen und Kennzahlen-Systeme als Führungsinstrumente

Planung und Kontrolle gelten im Rahmen des Betriebsprozesses als die beiden Steuerungsphasen. Aus der Kontrolle (Vergleich des Geplanten mit dem tatsächlich Erreichten) folgt wiederum eine Überprüfung und ggf. eine Korrektur von bereits fertig gestellten Planungen oder erst eine neue, aufgrund der effektiven Ergebnisse modifizierte Planung. Die so miteinander verzahnten Prozesse von Planung und Kontrolle werden als Führung des Betriebes bezeichnet. Das Management leitet und organisiert sie mit Hilfe von quantifizierten und nicht quantifizierten *oder* quantifizierbaren Informationen. Kennzahlen und Kennzahlen-Systeme als numerische Informationen sind daher als betriebliche Führungsinstrumente anzusehen.

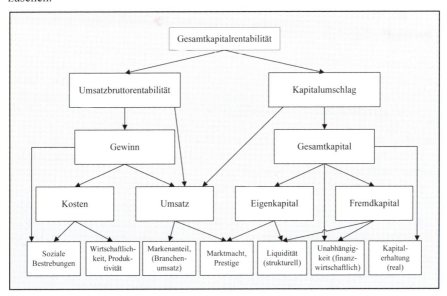

Abbildung 7: Deduktiv orientiertes Mittel-Zweck-Schema (nach Heinen)

Bei der Verwendung von Kennzahlen-Systemen zur Lenkung wird in der Regel von einem zu erreichenden Oberziel ausgegangen, von dem sich mit Hilfe einer Mittel-Zweck-Hierarchie primäre, sekundäre, tertiäre usw. Unterziele ableiten lassen. Durch diese deduktiv orientierte Mittel-Zweck-Kette entstehen Kennzahlen-Systeme in Pyramidenform. Als Beispiel sei auf das von HEINEN konzipierte und in *Abbildung 7* wiedergegebene Schema, das Betriebe in der Erscheinungsform der Unternehmung betrifft, hingewiesen. Auch die in der Praxis gebräuchlichen Kennzahlen-Systeme basieren auf dieser Entwicklungstechnik.

Betriebe besitzen alle Merkmale *kybernetischer Regelkreise*. Mit Hilfe eines Zielsystems, Modellen in Form von Kennzahlen und Kennzahlen-Systemen, Informationen und Verhaltensweisen wird der betriebliche Handlungsprozess vom Management geplant, durchgeführt und kontrolliert. Dieses Zusammenspiel und die gegenseitigen Beziehungen, gleichzeitig eine Verknüpfung von Aspekten des Zielsystems, der Modelltheorie, der Informationstheorie und der Kybernetik stellt *Abbildung 8* dar. Die Funktion von Kennzahlen und Kennzahlen-Systemen als Instrumente der Betriebsführung tritt dadurch deutlich zutage. Ein Beispiel für dieses komplexe Gebiet stellt das Data Warehouse dar. Es handelt sich dabei um ein multidimensionales Datenmodell mit einer Mehr-Schichten-Architektur.

Die *Bildung, Erhebung und Auswertung* von Kennzahlen und Kennzahlen-Systemen wird in der Literatur meist dem Rechnungswesen (als einem sehr bedeutsamen Teil des gesamten betrieblichen Informationssystems) zugeordnet. Dies gilt insbesondere für solche, die auf dem Zahlenmaterial der Finanzbuchhaltung und der Kostenrechnung basieren. Es erscheint aber häufig zweckmäßig, Kennzahlen und Kennzahlen-Systeme von den Abteilungen und den Stellen bearbeiten zu lassen, in denen sie sachlich anfallen. So werden z.B. viele Daten über Mitarbeiter nicht im Rechnungswesen erfasst, wohl aber im Personalbereich. Eine Ermittlung usw. derartiger Kennzahlen durch die Personalabteilung ist in diesem Fall angebracht und sinnvoll. Daraus ergibt sich: bei jeder einzelnen Kennzahl bzw. bei jedem Kennzahlen-System muss geprüft werden, welche Stelle im Betrieb am zweckmäßigsten die Bildung, Erhebung und Auswertung vornimmt.

Viele Betriebe begnügen sich bewusst oder unbewusst lediglich mit der Ermittlung von Kennzahlen und Kennzahlen-Systemen, eine Auswertung unterbleibt. Ohne eine gewissenhafte Interpretation und das Ziehen von Schlussfolgerungen für künftige Planungen und Handlungen sind Kennzahlen und Kennzahlen-Systeme keine Führungsinstrumente, sondern nutzloses Zahlenwerk, dessen Erhebung zudem einen erheblichen Aufwand verursacht. Es muss also von vornherein neben der Erhebung an die Analyse der Ergebnisse gedacht und diese auch organisatorisch festgelegt werden. Das Problem ist im Betrieb mit Hilfe betrieblicher Informations-Systeme und Arbeitsplatzbeschreibungen zu lösen.

II. EINSATZMÖGLICHKEITEN VON KENNZAHLEN

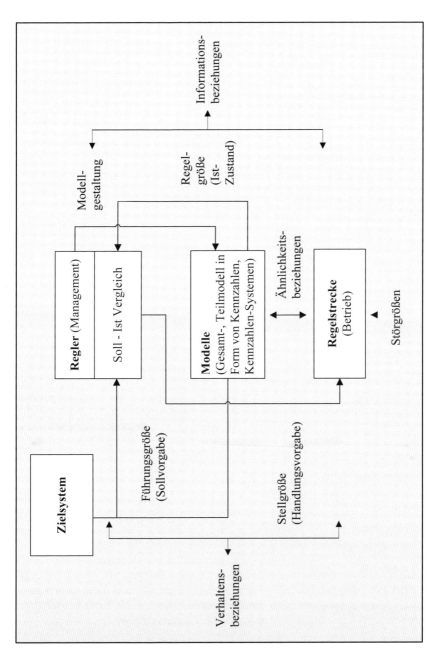

Abbildung 8: Kybernetischer Regelkreis von Betrieben (globaler Einfachregelkreis)

Literaturhinweise

Hahn, D., Hungenberg, H., PuK-Controllingkonzepte, 6., Aufl., Wiesbaden 2001, S. 11 ff.
Horvath, P., Controlling, in: HWR, 3. Aufl., Stuttgart 1993, Sp. 322 ff., mit zahlreichen Literaturhinweisen
Kirsch, W., Seidl, D., Steuerungstheorie, in: HWO, 4. Aufl., Stuttgart 2004, Sp. 1365 ff.
Küpper, H.-V., Controlling, in: HWB, 5. Aufl., Stuttgart 1993, Sp. 647 ff., mit zahlreichen Literaturhinweisen
Peemöller, V., Zielsystem, in: HWU, 4. Aufl., Stuttgart 2002, Sp. 2168 ff.
Schiemenz, B., Systemtheorie, betriebswirtschaftliche, in: HWB, 5., Aufl., Stuttgart 1993, Sp. 4128 ff.
Siegwart, H., Reinecke, S., Sander, S., Kennzahlen für die Unternehmensführung, 7. Aufl., Bern, 2009, S. 105 ff.
Sinz, E., Data Warehouse, in: HWU, 4. Aufl., Stuttgart 2002, Sp. 309 ff.

2. Einsatzbereiche

Eine Analyse des Prozesses der Leistungserstellung und der Leistungsverwertung i.w.S. als dem sachlichen Inhalt betriebswirtschaftlicher Kennzahlen und Kennzahlen-Systeme zeigt, dass sich nur wenige betriebliche Sachverhalte einer Quantifizierung entziehen. Betriebswirtschaftliche Kennzahlen und Kennzahlen-Systeme können daher mehr oder weniger ausgeprägt in *allen Bereichen* des Betriebes eingesetzt werden. Die von den Betrieben anzustrebenden Ziele lassen sich allerdings nur teilweise numerisch ausdrücken, damit entfällt auch eine Kontrolle über die Zielerreichung mit Hilfe von Kennzahlen. Die quantifizierbaren Zielsetzungen werden als Leitzahlen, die nicht quantifizierbaren als Leitsätze bzw. Leitbilder bezeichnet; siehe dazu auch Corporate Identity.

In der Betriebswirtschaftslehre wurden zur besseren Durchdringung der Geschehnisse *Funktionen* gebildet. Grundsätzlich ergeben sich danach mindestens folgende Funktionen:

(1) Beschaffung
(2) Lagerwirtschaft
(3) Produktion
(4) Absatz
(5) Personalwirtschaft

(6) Finanzwirtschaft und Jahresabschluss.

Die Funktionsbereiche stimmen in vielen Fällen mit dem organisatorischen Aufbau der Betriebe überein. Es bietet sich daher an, betriebswirtschaftliche Kennzahlen und Kennzahlen-Systeme nach diesen Kriterien einzuteilen. Abschnitt VI, Seite 89 ff. enthält wichtige und in der Praxis bewährte Kennzahlen, geordnet nach betrieblichen Funktionen. Zugleich können die unter dem Systematisierungsgesichtspunkt der betrieblichen Funktion gegliederten Kennzahlen als Kennzahlen-Systeme mit Ordnungszusammenhang angesehen werden. Kennzahlen-Systeme mit rechentechnischer Verknüpfung verwenden Betriebe bereits seit längerer Zeit. Sie besitzen alle ausgehend von einem anzustrebenden Oberziel die Form einer Kennzahlen-Pyramide. Einige bekannte Kennzahlen-Systeme werden in Abschnitt VII, S. 141 ff. beschrieben.

Außer den vorgetragenen, nach Funktionen aufgeteilten Anwendungsgebieten können z.B. auch einzelne *Tätigkeitsfelder* zur Beschreibung der Einsatzmöglichkeiten herangezogen werden. Unter diesem Aspekt sind vor allem Betriebsanalyse, Betriebsvergleich, Jahresabschlussanalyse, Kostenrechnung, Wirtschaftlichkeitskontrolle, Kapazitätsmessung, Produktivitätskontrolle, interne und externe Revision, Finanzierung, Finanzplanung und -kontrolle zu nennen. Neben diesen »klassischen« Bereichen erschließen neuere Beiträge weitere Gebiete, so z.B. als Teilsteuerrechnungen oder als Ertragsteuerkennzahlen.

Literaturhinweise

Radke, M., Die große betriebswirtschaftliche Formelsammlung, 11. Aufl., Landsberg 2001
Reichmann, Th., Controlling mit Kennzahlen und Management-Tools, 7. Aufl., München 2006, u.a. S. 113 ff.
Wöhe, G., Einführung in die Allgemeine Betriebswirtschaftslehre, 24. Aufl., München 2010, S. 208 ff.

3. Voraussetzungen für einen Einsatz

Die Verwendung von Kennzahlen und Kennzahlen-Systemen erfordert zum einen personelle Voraussetzungen im Bereich der Betriebsleitung, des Reglers im kybernetischen Regelkreis, und zum anderen organisatorische Vorkehrungen zur Sicherung eines reibungslosen und wirtschaftlichen Verfahrensablaufes. Die Funktion des Managements kann in Teilbereiche aufgespalten werden. In einem tiefgegliederten *Führungsorgan* sind an der Steuerung folgende personale Einheiten beteiligt:

(1) Modellgestalter

Konstruktion des Formalaufbaus der Modelle als Kennzahlen und Kennzahlen-Systeme, Bestimmung der Ermittlungsmodalitäten usw. zur Erreichung einer möglichst großen Ähnlichkeit zwischen Regelstrecke und Modell

(2) Ermittler

Erhebung und Errechnung der Kennzahlen bzw. Werten in Kennzahlen-Systemen nach den Vorgaben des Modellgestalters und Weiterleitung an den Auswerter

(3) Auswerter

Interpretation der ermittelten Kennzahlen bzw. Werte in Kennzahlen-Systemen, insbesondere durch Vergleich von Soll und Ist

(4) Benutzer

Entscheidungsträger, Regulierung der Stellgröße im kybernetischen Regelkreis.

Alle mit den Problemen von Kennzahlen und Kennzahlen-Systemen befassten Personen müssen über die erforderlichen *Fachkenntnisse*, insbesondere bezüglich der Problemerkenntnis und des Aussagewertes, verfügen. In vielen Fällen fehlen Mitarbeiter mit den notwendigen fachlichen Voraussetzungen. Deshalb werden oft Kennzahlen bzw. Kennzahlen-Systeme nicht ermittelt, falsch errechnet oder nicht richtig interpretiert und damit sachlich unzweckmäßige Entscheidungen getroffen. Ohne ein geschultes Personal, das zumindest arbeitsplatzspezifisches betriebswirtschaftliches Grundwissen besitzen muss, ist eine sinnvolle Arbeit mit Kennzahlen und Kennzahlen-Systemen unmöglich.

Neben personellen bedarf es auch *organisatorischer Vorkehrungen*. Folgende sind, ohne einen Anspruch auf Vollständigkeit zu erheben, zu nennen:

(1) Einrichtung von organisatorischen Einheiten zur Bildung, Ermittlung und Auswertung (dezentral, zentral, Kombination beider Organisationsprinzipien)

(2) Trennung zwischen Ermittler bzw. Benutzer von Kennzahlen und Kennzahlen-Systemen einerseits und für den Tatbestand verantwortlicher Person andererseits (Objektivität bei der Ermittlung und der Auswertung sowie Zurechnung der Verantwortung)

(3) Schaffung geeigneter Erhebungsgrundlagen (gezielte Maßnahmen im Zusammenhang mit dem innerbetrieblichen Beleg- und Berichtswesen)

(4) Einbettung der Erfassung und Ermittlung in ohnehin anfallende Arbeiten (z.B. im Rahmen der gesetzlich vorgeschriebenen Finanzbuchhaltung oder der meist vorhandenen Kostenrechnung)

II. EINSATZMÖGLICHKEITEN VON KENNZAHLEN

ZVEI/BWA	Kennzahlen-Definition	Kennzahl Nr. 100
Titel	**Eigenkapital-Rentabilität** (jahresbezogen)	
Anwendung	**Beurteilung der Rentabilität** Messung des »Periodenergebnisses« am durchschnittlich eingesetzten »Eigenkapital«; insbesondere zur Feststellung des Umfangs, in dem sich das Eigenkapital mit dem Periodenergebnis verzinst; insbesondere für den Vergleich mit der Gesamtkapital-Rentabilität (Kennzahl 101) und anderen Rentabilitäts- und Renditegrößen.	
Formel	$= \dfrac{\text{Periodenergebnis} \times 100}{\text{durchschnittlich eingesetztes Eigenkapital}} \times \dfrac{360}{\text{Beobachtungszeitraum (in Tagen)}}$	
Formelinhalt	Zähler: **Periodenergebnis** lt. § 275 (2) HGB (Gesamtkostenverfahren) lt. § 275 (3) HGB (Umsatzkostenverfahren) Jahresüberschuss / Jahresfehlbetrag [1] *(Posten 20 der GuV – Gesamtkostenverfahren, Posten 19 der GuV – Umsatzkostenverfahren)* Nenner: **Durchschnittlich eingesetztes Eigenkapital** lt. § 266 (3) HGB und § 272 HGB Gezeichnetes Kapital [2] *(Passivseite A.I.)* + Anteile in Fremdbesitz [3] + Kapitalrücklage *(Passivseite A.II.)* + Gewinnrücklagen *(Passivseite A.III.)* +/- Gewinnvortrag/Verlustvortrag *(Passivs. A.IV.)* +/- Jahresüberschuss/Jahresfehlbetrag *(Passivs. A.V.)* + Sonderposten mit Rücklageanteil [4] + passivierter Unterschiedsbetrag aus der Kapitalkonsolidierung [5] - ausstehende Einlagen auf das gezeichnete Kapital [6] - aktivierte Aufwendungen für die Ingangsetzung und Erweiterung des Geschäftsbetriebs [7] = Eigenkapital **Durchschnitt:** $= \dfrac{\text{Anfangs-bestand} + \text{End-bestand}}{2}$ **Beobachtungszeitraum** (in Tagen) 1 Jahr = 360 Tage 1 Monat = 30 Tage	
Bemerkungen	[1] Für Gesellschaften, die mit einer Obergesellschaft einen Gewinnabführungsvertrag geschlossen haben, gilt als Periodenergebnis auch der gem. § 277 (3) HGB ausgewiesene Betrag [2] bzw. entsprechender Bilanzposten bei Firmen anderer Rechtsform [3] nach § 307 A (1) HGB [4] nach § 273 HGB, in Verbindung mit § 247 (3) HGB, ist der Posten auf der Passivseite vor den Rückstellungen auszuweisen; jedoch ohne passivisch ausgewiesene Wertberichtigung. [5] nach § 301 A (3) HGB [6] vgl. dazu § 272 (1) HGB [7] vgl. dazu § 269 HGB	

Abbildung 9: Dokumentation von Kennzahlen und Kennzahlen-Systemen (ZVEI/BWA)

(5) Bereitstellung von Standardformularsätzen und Standardgraphiken (Sicherung der formalen Kontinuität, der materiellen Auswertungskontinuität und der Wirtschaftlichkeit).

Dazu gehört auch die Dokumentation der Kennzahlen bzw. Kennzahlen-Systeme und der darin eingehenden Sachverhalte. *Abbildung 9* zeigt ein Beispiel dazu.

Literaturhinweise

Gemünden, H. G., Information, Bedarf, Analyse und Verhalten, in: HWB, 5. Aufl., Stuttgart 1993, Sp. 1725 ff., mit weiteren Literaturhinweisen

Hahn, D., Hungenberg, H., PuK-Controllingkonzepte, 6. Aufl., Wiesbaden 2001, u.a. S. 50 ff.

Schott, G., Kennzahlen, Instrument der Unternehmensführung, 6. Aufl., Wiesbaden 1991, S. 13 ff.

III. Bestimmungsgründe für den Bedarf und Kriterien für die Bildung von betriebswirtschaftlichen Kennzahlen und Kennzahlen-Systemen

1. Betriebliche Aufgaben und Informationsbedarf

Zu den Wesensmerkmalen eines Betriebes gehört der Prozess der Erstellung und der Verwertung von Sachgütern und Dienstleistungen nach dem ökonomischen Prinzip, ergänzt bei Unternehmen durch das erwerbswirtschaftliche Prinzip und/oder anderer Zielsetzungen. Aus dieser grundsätzlichen Zielvorstellung heraus ergibt sich der erforderliche *Informationsbedarf* der Quantität und der Qualität nach, wobei betriebswirtschaftliche Kennzahlen und Kennzahlen-Systeme Informationen mit bestimmten Eigenschaften darstellen. Der Prozess der Leistungserstellung und Leistungsverwertung konkretisiert sich in betrieblichen Funktionen (vgl. oben Kap. I. 1, S. 19). Diese grundsätzliche, auf der Funktionalbetrachtung beruhende Aufgabenstellung wird modifiziert und differenziert durch die Branche, die Größe, die Rechtsform des Betriebes und seine Marktbedingungen bei der Beschaffung der betrieblichen Produktionsfaktoren und dem Absatz der erstellten materiellen oder immateriellen Güter. Erst aufgrund der exakten Kenntnis dieser Sachverhalte lässt sich anhand von konkreten, auf Abteilungen und Arbeitsplätze (= *Organisationsstruktur*) bezogenen Stellenbeschreibungen der zur Erfüllung und Lösung der betrieblichen Aufgaben notwendige betriebsindividuelle Informationsbedarf (als einer objektiven Größe), insbesondere auch in Form von betriebswirtschaftlichen Kennzahlen und Kennzahlen-Systemen, feststellen (= *Informationsbedarfsanalyse*). Gleiches gilt für einmalig oder fallweise zu lösende Aufgaben, z.B. im Rahmen von Betriebsanalysen als einer sachspezifischen Form der Kontrolle. Veränderungen im Informationsbedarf durch organisatorische Maßnahmen, Wandel der Rahmenbedingungen usw. treten im Zeitablauf auf.

In einer allgemeinen Darstellung kann nach dem Gesagten der konkrete Informationsbedarf eines Betriebes nicht bestimmt werden. Es verbleibt aber die Möglichkeit, aufgrund der von allen Betrieben zu erfüllenden betrieblichen Funktionen, die in der betriebswirtschaftlichen Literatur entwickelten und in der Praxis bewährten betriebswirtschaftlichen Kennzahlen und Kennzahlen-Systeme aufzuzeigen. Diese können als »Standard-Kennzahlen« und als »Standard-Kennzahlen-Systeme« bezeichnet werden. Der geschilderte Sachverhalt und seine Zusammenhänge wurden in *Abbildung 10* graphisch dargestellt.

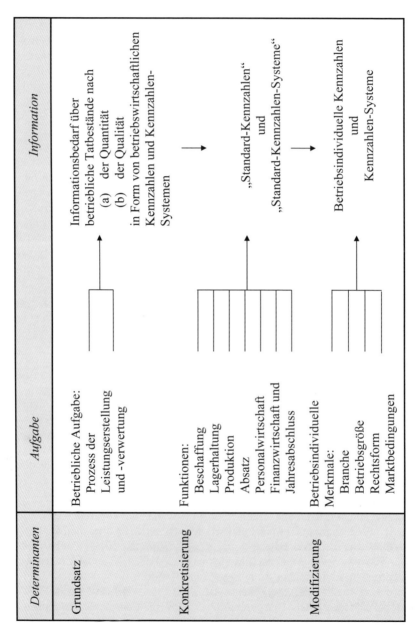

Abbildung 10: Betriebliche Aufgaben und Informationsbedarf

Der Bedarf an Kennzahlen und Kennzahlen-Systemen ergibt sich, wie erwähnt, als objektiv bestimmbare Größe aus der zu lösenden konkreten betrieblichen Aufgabe. Davon muss die *individuelle Nachfrage* nach betrieblichen Informationen durch Mitarbeiter als Benutzer und Verwerter getrennt werden. Diese Nachfrage ist subjektiv, sie hängt insbesondere von der Problemerkenntnis und dem Ausbildungsstand des Nachfragers ab. Der Bedarf an und die Nachfrage nach Kennzahlen und Kennzahlen-Systemen stimmen daher in vielen Fällen nicht überein.

Literaturhinweise

Berthel, J., Informationsbedarf, in: HWO, 3. Aufl., Stuttgart 1992, Sp. 872 ff.
Chwolka, A., Informationsbedarf, in: HWU, 4. Aufl., Stuttgart 2002, Sp. 723 ff.
Gemünden, H. G., Information, Bedarf, Analyse und Verhalten, in: HWB, 5. Aufl., Stuttgart 1993, Sp. 1725 ff.
Horvath, P., Controlling, 11. Aufl., München 2011, S. 310 ff.
Wöhe, G., Einführung in die Allgemeine Betriebswirtschaftslehre, 24. Aufl., München 2009, S. 168 ff.

2. Kriterien für die Bildung

a) Die Eigenschaften von Informationen als Auswahlkriterium

Informationen, also auch betriebswirtschaftliche Kennzahlen und Kennzahlen-Systeme, besitzen eine qualitative Dimension. Als qualitative Merkmale von Informationen werden in der Literatur u.a. folgende Charakteristika angesehen, die im Zusammenhang mit Kennzahlen und Kennzahlen-Systemen von besonderem Gewicht sind:

(1) Zweckeignung,
   d.h. Eignung der Information zur Lösung einer gestellten Aufgabe

(2) Genauigkeit,
   d.h. Grad der Übereinstimmung mit der Realität; Präzision der Information

(3) Aktualität,
   d.h. Zeitnähe; zeitlicher Abstand zwischen frühest möglicher Ermittlung und dem zugrunde liegenden Bezugszeitpunkt bzw. -zeitraum

(4) Kosten-Nutzen-Relation,
   d.h. Gegenüberstellung der Kosten für die Beschaffung und des Nutzens aus der Verwertung von Informationen.

Die *Informationsqualität* bestimmt entscheidend die Verwendbarkeit von Informationen zur Lösung betrieblicher Aufgaben. Deshalb muss untersucht werden, welche Bedeutung den verschiedenen Eigenschaften als Kriterien für die Bildung, also der Konstruktion, von betriebswirtschaftlichen Kennzahlen und Kennzahlen-Systemen zukommt.

b) Zweckeignung

Die Prüfung der Zweckeignung setzt voraus, dass das betriebliche Problem erkannt (Problemerkenntnis) und die zu lösende Aufgabe exakt definiert (Aufgabendefinition) wurde. Aus letzterem ergibt sich der *sachliche Inhalt* des Informationsbedarfs. Die Suche nach einem oder mehreren Instrumenten zur Deckung des Informationsbedarfs, d.h. konkret nach betriebswirtschaftlichen Kennzahlen oder Kennzahlen-Systemen, schließt sich an. Ein Instrument kann nur dann verwendet werden, wenn der Informationsbedarf mit der gelieferten Information, der Aussage der Kennzahl bzw. des Kennzahlen-Systems, übereinstimmt. Folglich ist auch der *Formalaufbau*, die Konstruktion mit ihren Elementen zu beschreiben (Kennzahlen- bzw. Kennzahlen-System-Beschreibung mit dem bzw. den zu messenden Merkmal oder Merkmalen des Messobjektes, Messmethode und Messeinheit) und dem Informationsbedarf anzupassen. Dazu gehört z.B. bei Verhältniszahlen die Festlegung von Zähler- und Nennergröße, wobei das Ergebnis vom Zähler bestimmt wird. Nur bei *Deckungsgleichheit* von Informationsbedarf und Aussageinhalt eignet sich die Kennzahl bzw. das Kennzahlen-System.

An den nachstehenden *Beispielen* soll dieser Verfahrensablauf verdeutlicht werden:

Alle Betriebe streben an, zahlungsfähig zu bleiben (Liquiditätsziel), weil sonst die Gefahr der Insolvenz und damit das zwangsläufige Ende des Betriebes droht. Die Fähigkeit, seinen Zahlungsverpflichtungen nachkommen zu können, wird in der Literatur *dynamische Liquidität* bezeichnet. Die Erhaltung der Liquidität ist somit die gestellte Aufgabe, aus welcher der Informationsbedarf resultiert. Dieser muss nun über die Suche und den Einsatz zweckmäßiger Instrumente gedeckt werden. Die Kennzahl

$$\text{Liquidität 1. Grades} = \frac{\text{Zahlungsmittel} \times 100}{\text{Kurzfristige Verbindlichkeiten}} \%$$

erscheint hierfür *nicht* geeignet, weil diese lediglich eine Relation zwischen Teilen des kurzfristigen Vermögens und der kurzfristigen Verbindlichkeiten an einem bestimmten Stichtag darstellt. Informationsbedarf und Formalaufbau der Kennzahl stimmen nicht überein, sind nicht deckungsgleich. Die Zahlungsfähigkeit als dynamische Liquidität ergibt sich aus dem Verhältnis der zu Beginn vorhandenen

Zahlungsmittel zuzüglich der Einnahmen abzüglich der Ausgaben bezogen auf einen bestimmten Zeitabschnitt oder Zeitraum, was mit Hilfe von Einnahmen- und Ausgabenrechnungen im Rahmen der Finanzplanung ermittelt werden kann.

Die in der Literatur entwickelten *betriebswirtschaftlichen Kennzahlen-Systeme* (vgl. Abschnitt VII, S. 141 ff.) weisen ausnahmslos folgende Merkmale auf:

(1) eine Rentabilitätskennzahl steht an der Spitze der Pyramide und repräsentiert das Betriebsziel

(2) die Werte stellen aggregierte Größen für die Betriebe als ganzes oder für einzelne Teilbereiche mit eigener Vermögens-, Kapital-, Aufwands- und Ertragszurechnung dar.

Diese Kennzahlen-Systeme sind lediglich für eine betriebliche Globalsteuerung oder -analyse verwendbar, nicht aber für die Aufgaben einzelner Stellen mit ihrer funktionalen und hierarchischen Einordnung in die betriebliche Organisation. Einengend wirkt auch die ausschließliche Fixierung der Zielsetzung auf eine Rentabilitätskennziffer. Die Struktur des (unternehmerischen) Zielsystems deckt sich damit nicht, auch unterliegt sie Wandlungen im Zeitablauf. Kennzahlen-Systeme mit anderen Monozielen oder mit Multizielen wurden bislang nur ansatzweise entwickelt. Aber gerade solche werden zur abteilungs- oder arbeitsplatzorientierten Steuerung benötigt.

c) Genauigkeit

Die Bildung von Modellen in Form von Kennzahlen und Kennzahlen-Systemen setzt die *Quantifizierbarkeit* betriebswirtschaftlicher Tatbestände als Originale (vgl. oben S. 21 f.) voraus. Die Meßmethoden, die Maßstäbe und die Abbildungsmodalitäten müssen sowohl in Hinblick auf die Konstruktion des Modells als auch in Abhängigkeit von dem zu quantifizierenden Tatbestand bestimmt und festgelegt werden. Dabei ist eine möglichst große *Ähnlichkeit,* im Idealfall eine Isomorphie, herzustellen. Je größer die Ähnlichkeit, desto genauer und präziser sind die in Modellen von der Konstruktion her verkörperten Informationen. Mit Modellen, insbesondere als Kennzahlen und Kennzahlen-Systeme, gelingt jedoch in fast allen Fällen nicht eine totale Isomorphie, sondern lediglich eine partiale Strukturgleichheit. Die Auswahl der für die Modellbildung erforderlichen und zu quantifizierenden Merkmale des Originals bestimmt die zu lösende Aufgabe.

Als *Beispiel* wird zum Problem der Ähnlichkeit noch auf die Buchführung und den Jahresabschluss verwiesen. Handels- oder steuerrechtliche Buchführungs- und Bilanzierungsvorschriften (vgl. insbesondere §§ 238 ff. HGB, §§ 150 ff. AktG, §§ 5 ff. EStG) liegen neben den Grundsätzen ordnungsmäßiger Buchführung in der Regel als modifizierende Übertragungsbedingungen zugrunde. Die Beachtung dieser Normen führt z.B. dazu, dass im Beschreibungsmodell »Jahresabschluss« ein Teil der Vermögensgegenstände eines Betriebes nicht enthalten sind (u.a. selbst entwickelte Patente; vgl. § 248 Abs. 2 HGB, § 5 Abs. 2 EStG) oder aber die Wertansätze nicht mit den tatsächlichen Werten, der Realität, übereinzustimmen brauchen (u.a. verbietet das Anschaffungskostenprinzip Zuschreibungen auch bei Wertsteigerungen über die Anschaffungskosten hinaus). Die Ähnlichkeitsbeziehungen zwischen den Modellen »Buchhaltung« und »Jahresabschluss« und dem Original »Betrieb« sind aufgrund der Übertragungs- oder Quantifizierungsbedingungen je nach Einzelfall mehr oder weniger stark gestört, was die Genauigkeit und die Verwendbarkeit der beiden Beschreibungsmodelle beeinträchtigt.

Eine große praktische Bedeutung kommt den *Abbildungsmodalitäten* als den quantitativen Ausdruck beeinflussende Nebenbedingungen zu. Diese müssen bei der Gestaltung von Kennzahlen und Kennzahlen-Systemen festgelegt bzw. vorgegeben und nachher bei ihrer Errechnung berücksichtigt werden. Es handelt sich vor allem um die Stufen und Methoden der Ermittlung, die Grundlagen der Ermittlung, das Verfahren der Aufbereitung. Dabei können bei jedem der genannten Bereiche Ungenauigkeiten auftreten, die sich als Abweichung von der Realität in Form von mehr oder weniger großen Fehlern im quantitativen Ausdruck niederschlagen. Aus diesem Grunde erfordert die Bildung von Kennzahlen und Kennzahlen-Systemen zugleich eine Bestimmung des gerade noch tolerierten *Fehlerbereichs,* oder es muss, z.B. wegen des Fehlens einer geeigneten Grundlage für die Erhebung, auf die Konstruktion und Erhebung einer an sich benötigten Kennzahl verzichtet werden.

Für die konkrete Arbeit in Betrieben erscheint daher die Dokumentation von Richtlinien, Kennzahlenstammblätter usw. unabdingbar. Als Beispiel sei auf die Kennzahlen-Definitionsblätter des ZVEI hingewiesen (vgl. *Abbildung 9,* S. 39).

d) Aktualität

Die Verwertbarkeit und der Nutzen von Informationen hängt in wesentlichem Maße von ihrer Aktualität, ihrer Zeitnähe ab. Die in Kennzahlen und Kennzahlen-Systemen abgebildeten betriebswirtschaftlichen Tatbestände betreffen einen bestimmten Stichtag oder beziehen sich auf einen Zeitraum. *Vergangenheitsorientierte* Kennzahlen und Kennzahlen-Systeme sind daher um so aktueller, je geringer die Zeitspanne zwischen dem in der Vergangenheit liegenden Stichtag bzw. dem Ende des Zeitraumes und der Gewinnung ist. Bei *zukunftsorientierten* Kennzahlen und Kennzahlen-Systemen gilt das umgekehrte, d.h. je länger also die Zeitspanne zwischen der Gewinnung und dem in der Zukunft liegenden Zeitpunkt bzw. Ende eines Zeitraumes ist, desto aktueller sind zukunftsorientierte Informationen.

In der Praxis, insbesondere von Kreditinstituten, werden zur Prüfung der Kreditwürdigkeit von Unternehmen deren Jahresabschlüsse analysiert. Es handelt sich um vergangenheitsorientierte Daten, die je nach Einzelfall zum Zeitpunkt der Analyse mehr als 9 Monate alt sind. Die Kreditwürdigkeitsprüfung zielt aber vor allem auf die gegenwärtige und die zukünftige wirtschaftliche Lage eines Betriebes hinsichtlich der Erfüllung seiner finanziellen Verpflichtungen ab. Ein Analytiker muss sich fragen, ob diese Unterlagen und die Ergebnisse dem zu stellenden Anspruch der Aktualität genügen oder nicht. Diesen zeitlichen Rahmen versucht *Abbildung 11* zu verdeutlichen.

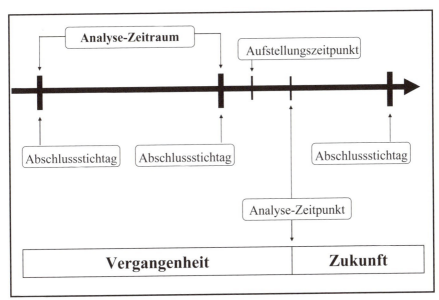

Abbildung 11: Zeitlicher Rahmen der Analyse

e) **Kosten-Nutzen-Relation**

Ein Betrieb erhebt im Regelfall Kennzahlen und Kennzahlen-Systeme nur, wenn sich der daraus ergebende Nutzen größer als der Aufwand ihrer Ermittlung, Auswertung usw. ist. Die Kosten können mit Hilfe von Instrumenten aus dem Bereich der Kostenrechnung relativ leicht festgestellt werden (= Informationskostenrechnung). Anders verhält es sich mit der Berechnung des Nutzens von Informationen, des Wertes des immateriellen Wirtschaftsgutes »Information«. In der Theorie wurden bereits entsprechende Verfahren entwickelt. Bei der praktischen Arbeit treten erhebliche Probleme auf. Wirtschaftlichkeitsanalysen bei der Beschaffung und Verwertung von Informationen lassen sich nur bedingt durchführen. Diese wissenschaftlich fundierten Verfahren verwenden Betriebe daher selten. Eine Bildung, anschließende Ermittlung und Auswertung von Kennzahlen und Kennzahlen-Systemen unter dem Aspekt der Kosten-Nutzen-Relation erfolgen danach aufgrund einer subjektiven, nicht aber einer objektiven Entscheidung.

Literaturhinweise

Reinermann, H., Kosten/Nutzen-Analyse, in: HWR, 3. Aufl., Stuttgart 1993, Sp. 1227 ff., mit zahlreichen Literaturhinweisen
Wöhe, G., Bilanzierung und Bilanzpolitik, 9. Aufl., München 1997, S. 873 ff.
Zentralverband der Elektrotechnischen Industrie e.V.: ZVEI-Kennzahlensystem, 4. Aufl., Frankfurt 1989, S. 101 ff.

3. »Optimale« Kennzahlen und Kennzahlen-Systeme

Die Eigenschaften Zweckeignung, Genauigkeit und Aktualität bestimmen entsprechend dem Grad ihrer Erreichung insgesamt die *Informationsqualität* von Kennzahlen und Kennzahlen-Systemen. Es kann nicht generell gesagt werden, in welcher Intensität die einzelnen Merkmale notwendig sind, damit das vom jeweiligen Informationsbedarf abhängige und objektiv notwendige Anspruchsniveau erreicht wird. Vielmehr erfordert der konkrete Fall eine Prüfung des gebotenen Intensitätsgrades, ggf. mit den zulässigen Bandbreiten, für jede einzelne der drei genannten Informationseigenschaften. Die Festlegung hat dabei für alle Elemente oder Teilwerte in den Kennzahlen bzw. den Kennzahlen-Systemen zu erfolgen.

Eine wesentliche Rolle spielt die Kosten-Nutzen-Relation. Häufig steigen die Kosten mit steigender Qualität überproportional, während der Nutzen nicht in gleichem Umfang zunimmt. »Optimale« Kennzahlen und Kennzahlen-Systeme zur Befriedigung des betriebsindividuellen Informationsbedarfs können daher nur betriebsintern aufgrund der dort zu lösenden konkreten Aufgaben gebildet werden. Bei alternativen Konstruktionen von Kennzahlen und Kennzahlen-Systemen wählt ein Betrieb die Kennzahl bzw. das Kennzahlen-System aus, die bzw. das bei gleichen qualitativen Informationsmerkmalen (und damit gleichem Informationsnutzen) die geringsten Kosten für ihre bzw. seine Beschaffung verursacht.

Liebetruth/Otto versuchen einen anderen Forschungsansatz. Sie entwickeln ein formales Modell mit einer Zielfunktion, um von einer Kennzahlenliste zu einem Kennzahlensystem zu kommen.

Von dem Bereich und den Problemen der Bildung oder Konstruktion muss die tatsächliche Ermittlung von Kennzahlen und Kennzahlen-Systemen unterschieden werden. Im ersten Fall wird eine zu erreichende Norm mit Soll-Charakter vorgegeben, im zweiten Fall eine effektive Zahl errechnet. Diese kann wegen ungenauer oder falscher Ermittlung von den verlangten Eigenschaften und damit vom objektiven Anspruchsniveau abweichen.

Literaturhinweise

Liebetruth, Th., Otto, A., Ein formales Modell zur Auswahl von Kennzahlen, in: Controlling 2006, S. 13 ff.

Reichmann, Th., Controlling mit Kennzahlen und Management-Tools, 7. Aufl., München 2006, S. 18 ff.

Schott, G., Kennzahlen, Instrument der Unternehmensführung, 6. Aufl., Wiesbaden 1991, S. 21 ff.

Seicht, D., Informationssystem-Controlling, in: HWR, 3. Aufl., Stuttgart 1993, Sp. 991 ff., mit zahlreichen Literaturhinweisen

IV. Ermittlung von Kennzahlen und Werten in Kennzahlen-Systemen

1. Stufen und Methoden der Ermittlung

a) Stufen der Ermittlung

Kennzahlen und Werte in Kennzahlen-Systemen werden in der Regel in zwei Stufen errechnet und zwar

(1) Ermittlung der in Kennzahlen und Kennzahlen-Systeme eingehenden Einzelwerte (entfällt nur bei eingliedrigen absoluten Zahlen)

(2) Ermittlung der Kennzahl und der Werte in Kennzahlen-Systemen aufgrund dieser Einzelwerte.

Für die *Stufe (1)* gilt es, entsprechend dem Einzelwert die adäquate Methode der Ermittlung auszuwählen. Diese kann bei einer Kennzahl oder einem Wert im Kennzahlen-System durchaus unterschiedlich sein. Die Eigenkapitalrentabilität wird z.B. definiert als

$$\text{Eigenkapitalrentabilität} = \frac{\text{Jahresüberschuss} \times 100}{\text{Eigenkapital}} \%$$

Das effektive Eigenkapital eines Betriebes ergibt sich durch die Addition von bilanziellem Eigenkapital und eine mehr oder weniger genauen Schätzung der stillen Reserven im Vermögen und in den Verbindlichkeiten. Der Erfolg dagegen wird der Gewinn- und Verlustrechnung (evtl. unter Berücksichtigung gebildeter und aufgelöster stiller Reserven) entnommen.

Bei der *Stufe (2)* liegt der Weg der Errechnung durch den Formalaufbau, die Konstruktion, fest. Ein Spielraum für Entscheidungen fehlt. So kann z.B. die Eigenkapitalrentabilität lediglich durch die Division bzw. Multiplikation der entsprechenden Einzelwerte errechnet werden.

Von großer Bedeutung sind die sich in den beiden Stufen vollziehende Ermittlung und die dabei zugrunde liegenden Methoden im Zusammenhang mit der Darstellung und Interpretation. In den Einzelwerten der Stufe (1) enthaltene *Fehler* können sich durch die Stufe (2) ausgleichen, verstärken oder unverändert bleiben. Im Einzelnen ist dies in Ziffer 4 dieses Abschnittes, Seite 64 ff., zu untersuchen.

b) Mathematische Methoden

Zur Erfassung von Einzeltatbeständen verwendet die Praxis mathematische Verfahren aller Art, insbesondere die Grundrechnungsarten. Daneben kommen, je nach den zugrunde liegenden betriebswirtschaftlichen Tatbeständen, Potenzen, Wurzeln, Klammerausdrücke, Gleichungssysteme usw. in Frage. Wegen der Einzelheiten dieser Methoden sei auf die umfangreiche Spezialliteratur verwiesen. Massenerscheinungen werden mittels statistischer Verfahren verarbeitet. Folgende Techniken sind besonders hervorzuheben: Häufigkeitsverteilungen und Maßzahlen hierzu: Mittelwerte (Modus, Median, arithmetisches Mittel, harmonisches Mittel, geometrisches Mittel), Streuungsmaße; Verteilungszahlen; Zeitreihenanalysen; Stichprobenverfahren. Auch hier wird dem Leser das Studium der einschlägigen Fachliteratur, insbesondere der Betriebsstatistik, empfohlen.

c) Graphische Methoden

Alle Kennzahlen und Werte in Kennzahlen-Systemen lassen sich als quantifizierte betriebswirtschaftliche Tatbestände mit Hilfe mathematischer Methoden ermitteln. Für einige wenige und einfach aufgebaute kann aber zusätzlich mit Hilfe graphischer Methoden der verlangte Wert festgestellt werden. Dies beweist die Errechnung des Mindestumsatzes zur Deckung der fixen und variablen Kosten bzw. Gesamtkosten mittels eines Koordinaten-Systems (vgl. *Abbildung 12*).

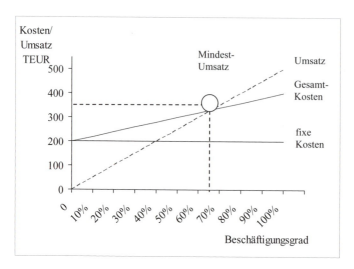

Abbildung 12: Ermittlung des Mindestumsatzes bzw. Beschäftigungsgrades

Graphische Methoden sind in der Regel durch die erzwungene Wahl eines kleinen Maßstabes nicht sehr genau. Deshalb wird in Fällen, in denen es auf eine hohe Präzision (ungeachtet evtl. anderer Quantifizierungsprobleme) ankommt, die mathematische Ermittlung vorzuziehen sein. Vorteilhaft wirkt sich dagegen aus, dass eine graphische Darstellung anschaulich ist und auch Zwischenwerte bzw. Entwicklungen aufzeigt.

d) Methode der Schätzung

Schätzungen kommen z.B. dann in Frage, wenn die exakte Quantifizierung betriebswirtschaftlicher Tatbestände schwierig, die Beschaffung oder/und die Auswertung von Erhebungsunterlagen mit erheblichen Kosten verbunden ist. Der Vorteil dieser Methode liegt in den geringen Kosten, der Nachteil in der Ungenauigkeit und der Unsicherheit der Ergebnisse. Aus zuletzt genannten Gründen heraus gehört die Schätzung zu den untragbaren Methoden der Ermittlung. Sie kann nur dann angewandt werden, sofern andere präzisere Verfahren wirtschaftlich nicht sinnvoll erscheinen und die Ungenauigkeit bzw. die Unsicherheit der gemachten Aussage eingrenzbar bleibt. *Beispiel:* Schätzung der stillen Reserven bei Grundstücken als Differenz zwischen dem Buchwert bzw. Bilanzansatz und dem tatsächlichen oder vermuteten Verkehrswert.

e) Charakterisierung der Kennzahlen nach ihren Struktur-Merkmalen

Kennzahlen bzw. ihre Elemente besitzen wie bereits in Kap. I, Seite 22 mit Beispielen ausgeführt eine

quantitative Struktur (= Gesamtgröße oder Teilgröße)

inhaltliche Struktur (= Mengengröße oder Wertgröße)

und meist auch eine

zeitliche Struktur (= Zeitpunktgröße oder Zeitraumgröße).

Diesen Merkmalen kommt bei der Ermittlung und Auswertung von Kennzahlen eine erhebliche Bedeutung zu. Sie sollen deshalb kurz beschrieben, die Besonderheiten und Probleme aufgezeigt werden. Der Übersichtlichkeit wegen geschieht dies in Tabellenform (vgl. *Abbildung 13*). Es wird dabei von der Kennzahleneinteilung nach Typen, Formen und Varianten ausgegangen, was die Verbindung zu den »Ausgewählten Kennzahlen aus der betrieblichen Praxis« in Abschnitt VI, Seite 89 ff. herstellt.

Kennzahlenart	Strukturmerkmal	Kennzeichnung, Besonderheiten
Typ A	Gesamtgröße oder Teilgröße	Gesamtheit von Einheiten, von Einzelerscheinungen mit einem oder mehreren gleichen Merkmalen Teil oder Ausschnitt aus einer Gesamtheit, der durch Gliederung nach einem oder mehreren Merkmalen gewonnen wird
Typ B	$\dfrac{\text{Gesamtgröße}}{\text{Gesamtgröße}}$ bzw. $\dfrac{\text{Teilgröße}}{\text{Teilgröße}}$	Beziehungszahl (sofern verschiedene Gesamtgrößen auf denselben Zeitpunkt oder Zeitraum bezogen werden; problematisch ist das Beziehungsverhältnis, vgl. S. 79) oder Indexzahl (sofern gleiche Gesamtgrößen auf verschiedene Zeitpunkte oder Zeiträume bezogen werden, Zähler = Berichtsjahr, Nenner = Basis- oder Bezugsjahr, Multiplikation des Zählers mit 100 zur Kennzeichnung als Prozentzahl)
Typ C	$\dfrac{\text{Teilgröße}}{\text{Gesamtgröße}}$	Gliederungszahl (eine Teilgröße wird mit einer übergeordneten Gesamtgröße ins Verhältnis gesetzt, bezogen auf den gleichen Zeitpunkt oder Zeitraum, Zähler kann mit 100 multipliziert werden, damit sich eine Prozentzahl ergibt)
Typ D	$\dfrac{\text{Gesamtgröße}}{\text{Teilgröße}}$	Quotient, der das Verhältnis von Gesamtgröße zur Teilgröße angibt
Typ E	Sonderformen als Gesamt- oder Teilgröße	vgl. zu diesen Größen die Ausführungen zum Typ A

IV. ERMITTLUNG VON KENNZAHLEN 55

Kennzahlenart	Strukturmerkmal	Kennzeichnung, Besonderheiten
Form 1	Mengengröße oder $\dfrac{\text{Mengengröße}}{\text{Mengengröße}}$	Menge nach bestimmten, definierten Merkmalen ermittelt. Nachteil: Anwendung beschränkt, da nur wenige Sachverhalte mengenmäßig zu aussagefähigen Gruppen zusammenfassbar sind
Form 2	Wertgröße oder $\dfrac{\text{Wertgröße}}{\text{Wertgröße}}$	Menge x Preis in € usw. pro Einheit. Problem: Wertansatz, z.B. Tagespreis, Herstellungskosten, Durchschnittspreis, kalkulatorischer Restwert, Verrechnungspreis, Zukunftswert, Ertragswert usw.; Veränderungen im Zeitablauf, oft subjektive Wertbestimmung, u.U. für gleichartige Vermögensgegenstände verschiedenartige Preise, insbesondere bei Bilanzansätzen. Vorteil: Sachverhalte usw., die nicht gleichartig sind, können miteinander verglichen, addiert usw. werden. Nachteil: Preisschwankungen im Zeitablauf beeinträchtigen die Vergleichbarkeit
Form 3	$\dfrac{\text{Mengengröße}}{\text{Wertgröße}}$	Durchschnittliche Menge pro Werteinheit, wegen Teilgrößen vgl. oben!
Form 4	$\dfrac{\text{Wertgröße}}{\text{Mengengröße}}$	Durchschnittlicher Wert pro Mengeneinheit, wegen Teilgrößen vgl. oben!

Kennzahlenart	Strukturmerkmal	Kennzeichnung, Besonderheiten
Variante a	Zeitpunktgröße oder $\dfrac{\text{Zeitpunktgröße}}{\text{Zeitpunktgröße}}$	Größe, die auf einen bestimmten Stichtag, z.B. 31.12., bezogen ist (statisch), auch Bestandsgröße bezeichnet, Änderungen im Zeitablauf treten häufig auf
Variante b	Zeitraumgröße oder $\dfrac{\text{Zeitraumgröße}}{\text{Zeitraumgröße}}$	Größe, die auf einen bestimmten Zeitabschnitt, z.B. ein Jahr, bezogen ist (dynamisch), Arten: Bewegungsgrößen (= Summe aller Veränderungen während des Zeitraumes), Veränderungsgrößen (= Bestandsdifferenzen zwischen zwei Zeitpunkten)
Variante c	$\dfrac{\text{Zeitpunktgröße}}{\text{Zeitraumgröße}}$	Bei Kombinationen von Zeitpunktgrößen (vgl. oben Variante a) und Zeitraumgrößen (vgl. oben Variante b) muss darauf geachtet werden, dass als Zeitpunktgröße nicht der Bestand am Ende des Zeitraumes eingesetzt wird, sondern der während des gesamten Zeitraumes durchschnittlich vorhandene Bestand, z.B. als gewogenes arithmetisches Mittel. Dies gilt insbesondere auch bei der Verwendung von Größen aus dem Jahresabschluss.
Variante d	$\dfrac{\text{Zeitraumgröße}}{\text{Zeitpunktgröße}}$	Die Ausführungen zu Variante c gelten sinngemäß.

Abbildung 13: Kennzahlen nach Strukturmerkmalen

Literaturhinweise

Hartung, J., Elpelt, B., Klösener, K.-H., Statistik, 15. Aufl., München/Wien 2009, u.a. S. 20 ff.
Kern, W., Break-even-Analyse, in: HWR, 3. Aufl., Stuttgart 1993, Sp. 261 ff.
Zentralverband der Elektrotechnischen Industrie e.V., ZVEI-Kennzahlensystem, 4. Aufl., Frankfurt 1989, S. 13 ff.
sowie Lehrbücher zur Statistik

2. Unterlagen für die Ermittlung

Bei den Unterlagen der Ermittlung handelt es sich um *Zusammenstellungen mit Messergebnissen* über bestimmte betriebswirtschaftliche Tatbestände. Diese, meist in Form von Tabellen oder ähnlichen Zusammenstellungen, können nach verschiedenen Kriterien gegliedert werden. Zwei *Systematisierungsgesichtspunkte* besitzen hinsichtlich der Verwendbarkeit zur Ermittlung von Kennzahlen und Kennzahlen-Systemen besondere Bedeutung; zum einen die Einteilung nach dem Zweck der Messungen und zum anderen nach der Herkunft der Unterlagen. Danach lassen sich folgende Arten mit Messergebnissen festhalten, nämlich kennzahlenbestimmte und zweckfremde Unterlagen sowie interne und externe Unterlagen. Dies veranschaulicht die *Abbildung 14*.

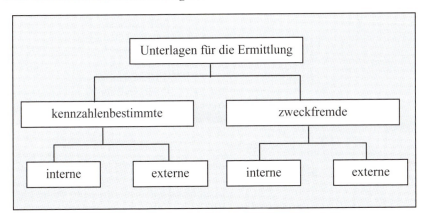

Abbildung 14: Arten von Unterlagen

Die Eignung der Unterlagen und damit ihre Informationsqualität beurteilt sich nach den Eigenschaften von Informationen (Zweckeignung, Genauigkeit, Aktualität, Kosten-Nutzen-Relation). Grundsätzlich ist davon auszugehen, dass interne gegenüber externen und kennzahlenbestimmte gegenüber zweckfremden Unterlagen die bessere Informationsqualität aufweisen. In *Abbildung 15* auf Seite 58 wurde versucht, diese Problematik global darzustellen. Unbeschadet der generellen Ausführungen sollen einige interne und externe Unterlagen als Beispiele erläutert werden.

Informations- eigenschaften	Kennzahlenbestimmte Unterlagen	Zweckfremde Unterlagen
Zweckeignung (= Identität von Informationsbedarf und -inhalt der Unterlage)	Keine Prüfung der Zweckeignung notwendig, da die Unterlagen kennzahlenspezifisch erstellt wurden	Prüfung der Zweckeignung notwendig, da andere Kriterien den Inhalt bestimmt haben
Genauigkeit (= Grad der Übereinstimmung zwischen Original und dem quantitativen Ausdruck in der Unterlage)	Abhängig von a) der Modellkonstruktion, b) den Stufen und Methoden der Ermittlung, c) dem Verfahren der Aufbereitung interne Unterlagen: Komponenten a), b) und c) bekannt, Fehlerbereich abschätzbar externe Unterlagen: Komponenten a), b) und c) meist nicht bekannt, Fehlerbereich schwieriger oder nicht eingrenzbar	Überprüfung, ob a) Modellkonstruktion, b) Stufen und Methoden der Ermittlung und c) Verfahren der Aufbereitung kennzahlen- bzw. kennzahlensystemadäquat sind interne Unterlagen: Komponenten a), b) und c) bekannt, Fehlerbereich abschätzbar externe Unterlagen: Komponenten a), b) und c) meist nicht bekannt, Fehlerbereich schwierig oder nicht eingrenzbar
Aktualität (= Zeitnähe)	Anpassung der Ermittlung an den Aktualitätsanspruch zur Erreichung der geforderten Informationsqualität möglich	Andere Zwecksetzungen bestimmen Ermittlungszeitpunkt, -zeitraum und -rhythmus für die Unterlagen, Problem der Übereinstimmung mit der geforderten Informationsqualität ist zu lösen
Kosten-Nutzen-Relation (= Verhältnis der Kosten für die Beschaffung und des Nutzens aus der Information)	Kosten meist hoch, da spezifische Ermittlungen notwendig sind, auch abhängig von der jeweiligen Kennzahl und den konkreten Qualitätsanforderungen. Nutzenmessungen mit großen praktischen Problemen verbunden, daher meist keine Relation feststellbar	Kosten meist nicht hoch, da Unterlagen für andere Zwecke erstellt wurden, evtl. zusätzliche Kosten für Aufbereitung (= Umarbeitung) der zweckfremden in kennzahlen- bzw. kennzahlensystemspezifische Unterlagen. Nutzenmessungen mit großen praktischen Problemen verbunden, daher meist keine Relation feststellbar

Abbildung 15: Informationsqualität von Unterlagen

IV. ERMITTLUNG VON KENNZAHLEN

Die Vorschriften des Handelsrechts (vgl. insbesondere §§ 238 ff. HGB sowie für die AG §§ 150 ff. AktG) und des Steuerrechts (vgl. vor allem §§ 140 ff. AO, §§ 5 ff. EStG) verlangen die Führung einer *Finanzbuchhaltung*. Die Zielsetzung der handelsrechtlichen Rechnungslegung liegt vor allem im Gläubigerschutz und die der steuerrechtlichen Rechnungslegung primär in der Erfolgsermittlung. Diese Zwecke führen mittels der daraus abgeleiteten Bewertungsvorschriften dazu, dass die tatsächlichen Werte mit den Ansätzen in der Bilanz (insbesondere wegen stiller Reserven) und die effektiven Aufwendungen und Erträge mit denen in der Gewinn- und Verlustrechnung nicht übereinstimmen. Aufgrund dieser Tatsachen muss bei der Verwendung von Messergebnissen aus der Finanzbuchhaltung die Zweckeignung und Genauigkeit besonders geprüft, die Unterlage im Bedarfsfall durch spezifische Ermittlungen umgearbeitet und dem Informationsbedarf angepasst werden.

Es ist Unternehmen freigestellt, ob und ggf. in welcher Form sie eine *Kostenrechnung* (Kostenartenrechnung, Kostenstellenrechnung, Selbstkostenrechnung) und eine betriebliche Planung (Erfassung von in der Zukunft liegenden betrieblichen Entwicklungen) einrichten. Diese Gestaltungsfreiheit erlaubt den Aufbau beider Instrumente des Rechnungswesens entsprechend den spezifischen betrieblichen Erfordernissen. Dabei wird aus Wirtschaftlichkeitsgründen jeder Betrieb versuchen, die Ausgangswerte für die Ermittlung von Kennzahlen und Kennzahlen-Systemen in die Teilbereiche Kostenrechnung und Planung so zu integrieren, dass sie möglichst ohne weitere aufbereitende Arbeitsgänge direkt zur Berechnung verwendbar sind. Dies setzt eine Abstimmung zwischen den an der Bildung, der Ermittlung und der Auswertung bzw. Interpretation beteiligten Personen voraus.

Die Verfahrensabläufe in einem Betrieb werden nicht nur von innerbetrieblichen Daten beeinflusst. Im Rahmen der Beschaffung von Produktionsfaktoren und dem Prozess der Leistungsverwertung steht der Betrieb in Verbindung mit der Außenwelt. Die Datenkonstellation auf den Beschaffungs- und Absatzmärkten bestimmt ebenfalls über den Ablauf des Betriebsprozesses. Aus diesen Gründen benötigt ein Betrieb zur Steuerung des Geschehens auch Informationen über die für ihn relevanten *Umweltbedingungen*. Er kann sich diese Unterlagen durch eine Voll- oder Teilerhebung mit Hilfe betriebseigener Organe oder von Marktforschungsinstitutionen und dgl. beschaffen. Dieser Weg verursacht hohe Kosten und scheidet aus Wirtschaftlichkeitsgründen in vielen Fällen aus. Oft wird daher auf veröffentlichtes oder einem beschränkten Personenkreis zugängliches Material zurückgegriffen.

Als Beispiel seien genannt: Statistische Jahrbücher; Geschäftsberichte und Monatsberichte der Deutschen Bundesbank, insbesondere auch die statistischen Beihefte; Branchen-Informationen; Berichte der Wirtschaftsministerien, der Industrie-

und Handelskammern, Beiträge in Fachzeitschriften, in den Wirtschaftsteilen der Tageszeitungen; Veröffentlichungen von Marktforschungsinstituten.

Bei *externen Erhebungsunterlagen* hat der Betrieb keinen Einfluss auf und meist auch keinen Einblick in die Bedingungen ihres Zustandekommens. Die Verwendbarkeit solcher Unterlagen für betriebliche Zwecke hängt aber in starkem Maße von den zugrunde liegenden Erhebungsmethoden usw. ab. Vor einer Verwendung muss also geprüft werden, ob die Informationen überhaupt geeignet und ggf. mit welchen Mängeln sie behaftet sind.

Exkurs: Aufbereitung des Jahresabschlusses

Handels- und Steuerbilanz dienen u.a. der Rechenschaftslegung und der Besteuerung. Ihre Zielrichtungen decken sich nicht mit denen der Analytiker, der Kreditinstitute, die Informationen über die Kreditfähigkeit des Unternehmens benötigen. Daher bedürfen handels- bzw. steuerrechtliche Jahresabschlüsse der materiellen und formellen Aufbereitung. Ziel der Aufbereitung ist in erster Linie die Verbesserung und im Idealfall die Herstellung exakter Ähnlichkeitsbeziehungen zwischen dem Original »Unternehmung« einerseits und dem Modell »Jahresabschluss« andererseits.

Im Folgenden sollen einige wichtige Aspekte der Aufbereitung näher betrachtet werden.

(1) Informationszielkonforme Aufbereitung

Der Analytiker möchte Informationen über die wirtschaftliche Lage der Unternehmung, die in konkrete Informationsziele münden. Die Aufbereitung hat sich an diesen Informationszielen zu orientieren und auszurichten. Dazu gehört auch die Aggregation der einzelnen Posten der Bilanz und der Gewinn- und Verlustrechnung zu Gruppen, wobei einerseits durch die Informationsverdichtung Details verloren gehen, andererseits der Blick für das Wesentliche verbleibt.

(2) Auflösung stiller Reserven

Stille Reserven vermindern das Vermögen bzw. Kapital und verzerren somit die Vermögens- und Kapitalstruktur. Sie sind deshalb zu eliminieren. Dies geschieht – wie bei der gesamten Bewertung – grundsätzlich unter dem Gesichtspunkt der Unternehmensfortführung i.S.v. § 252 Abs. 1 Nr. 2 HGB. Dabei muss beachtet werden, dass stille Reserven bei ihrer späteren Auflösung der Ertragsbesteuerung unterliegen. Der Gesamtbetrag ist daher in einen Anteil am Eigenkapital und einen latenten Ertragsteueranteil als Teil des Fremdkapitals aufzuspalten.

Neben der Beseitigung in der Bilanz müssen auch die Auswirkungen auf die Posten der Gewinn- und Verlustrechnung, vor allem den Abschreibungen, untersucht und herausgerechnet werden. Am Beispiel der Abschreibung von geringwertigen Wirtschaftsgütern soll dies verdeutlicht werden. Im Jahr der Anschaffung sind die Bilanzansätze zu erhöhen, die Abschreibungen zu reduzieren. In den Folgejahren sind nicht nur die stillen Reserven in der Bilanz zu beseitigen, sondern auch der Abschreibungsaufwand in der Gewinn- und Verlustrechnung zu erhöhen. Bei einer vollständigen Korrektur muss auch an die dadurch verursachten Verzerrungen der Ertragsteuern gedacht werden.

Externe Analytiker mit beschränkten Informationen vermögen die stillen Reserven nur selten richtig und vollständig zu erfassen. Deshalb unterbleibt auch in der *Praxis*, insbesondere der Kreditinstitute, regelmäßig eine Auflösung stiller Reserven.

Die Informations-Qualität der ermittelten Kennzahlen leidet darunter. Dies gilt vor allem für Kennzahlen, die die Struktur aufzeigen sollen. Die Kennzahlen aus der Gewinn- und Verlustrechnung sind nicht so stark beeinträchtigt, weil es sich bei ihnen um eine Zeitraumbetrachtung handelt. Außerdem kann versucht werden, Kennzahlen zu bilden, die derartige Sachverhalte auffangen. Dazu gehört z.B. der Cash Flow bzw. der erweiterte Cash Flow im Zusammenhang mit der Bildung und Auflösung von stillen Reserven mittels zu hoher bzw. zu geringer Abschreibungen.

(3) Wirtschaftliche Betrachtungsweise
Die Zusammenfassung, die Zuordnung und das Aufspalten von Posten darf nicht unter formaljuristischen Gesichtspunkten, sondern unter Beachtung des Gesichtspunkts der wirtschaftlichen Betrachtungsweise erfolgen. Dies gilt z.B. für die Sonderposten mit Rücklageanteil, die in einen Eigenkapitalanteil und in einen Fremdkapitalanteil in Abhängigkeit von der Ertragsteuerbelastung der Unternehmung (meist wird in der Praxis pauschal 50 % verwendet) aufzuteilen sind.

(4) Fortführung der Unternehmung
Die gesamte Bilanzierung, Bewertung usw. basiert grundsätzlich auf der Fiktion der Unternehmensfortführung (vgl. § 252 Abs. 1 Nr. 2 HGB). Diese Leitlinie muss auch bei der Aufbereitung beibehalten oder aber eine ganz neue Bilanz unter Liquidationsgesichtspunkten erstellt werden (Liquidationsstatus). Es erscheint willkürlich, wenn Einzeltatbestände herausgegriffen und dann unter Liquidationsgesichtspunkten beurteilt und zugeordnet werden. Als Beispiel sei das Disagio genannt, das nichts anderes als eine Zinsvorauszahlung darstellt. In vielen Fällen wird es als wertlos betrachtet und vom Eigenkapital abgesetzt.

(5) Erfolgsspaltung
Das Ergebnis der gewöhnlichen Geschäftstätigkeit und vor allem der Jahresüberschuss genügen für eine aussagefähige und informative Analyse der Ertragskraft nicht. Sie sind durch aperiodische Aufwendungen und Erträge sowie durch bewer-

tungspolitische Maßnahmen in ihrer Höhe beeinflusst. Durch eine Spaltung des Ergebnisses in Segmente und Komponenten muss versucht werden, unter anderem das »nachhaltige« betriebliche Ergebnis herauszufinden und von den anderen Ergebnis-Segmenten zu trennen.

(6) Fristenkongruente Zuordnung
Ein weitgehend anerkannter Finanzierungsgrundsatz ist die fristenkongruente Finanzierung, d.h. die Bindungsdauer des Vermögens muss sich mit der Laufzeit des Kapitals decken (Goldene Bilanzregel). Vereinfacht und für die Praxis in der Regel tauglich sollen sich

Langfristiges Vermögen (Anlagevermögen)	↔	*Langfristiges Kapital* (Eigenkapital, Fremdkapital mit Restlaufzeit > 1 Jahr)
Kurzfristiges Vermögen (Umlaufvermögen)	↔	*Kurzfristiges Kapital* (Fremdkapital mit Restlaufzeit < 1 Jahr)

gegenüber stehen.

Dieser generelle Grundsatz ist insbesondere auch bei der Gestaltung der aufbereiteten Bilanz zu beachten. Dabei wird ein externer Analytiker mangels exakter Information die globale Zuordnung des Anlagevermögens zum langfristigen und des Umlaufvermögens zum kurzfristigen Bereich treffen müssen.

Literaturhinweise

Baetge, J., Kirsch, H.-J., Thiele, S., Bilanzanalyse, 2. Aufl., Düsseldorf 2004
Coenenberg, A. G., Haller, A., Schultze, W., Jahresabschluss und Jahresabschlussanalyse, 21. Aufl., Stuttgart 2009, S. 1013 ff.
Gräfer, H., Schneider, G., Bilanzanalyse, 11. Aufl., Herne 2010
Küting, Kh., Weber, C.-P., Boecker, C., Die Bilanzanalyse, Beurteilung von Abschlüssen nach HGB und IFRS, 9. Aufl., Stuttgart 2009
Meyer, C., Die Kunden-Bilanzanalyse der Kreditinstitute, 2. Aufl., Stuttgart 2000
Riebell, C., Die Praxis der Bilanzauswertung, 9. Aufl., Stuttgart 2009
Scharnbacher, K., Statistik im Betrieb, 14. Aufl., Wiesbaden 2004, S. 18 ff.
Wöhe, G., Bilanzierung und Bilanzpolitik, 9. Aufl., München 1997, S. 773

3. Verfahren der Aufbereitung

a) Manuelle Aufbereitung

Zu den manuellen Aufbereitungstechniken gehören u.a. Strichlisten, Legeverfahren, Rubrizierungsverfahren und von Hand auszufüllende Formblätter (z.B. für Bilanz-Analysen). Solche Aufbereitungsverfahren sind zweckmäßig, wenn Kennzahlen oder Kennzahlen-Systeme nur einmal oder in verhältnismäßig größeren Zeitabständen ermittelt werden. Die Vorteile solcher Techniken liegen in der formalen und materiellen Flexibilität ihrer Anwendung, in der meist kurzen Vorbereitungszeit zwischen Planung und Ausführung und in den geringen Kosten. Nachteilig wirken sich jedoch bei umfangreichen Aufbereitungsarbeiten die Zeitintensität und der damit verbundene hohe Personalaufwand sowie die Gefahr von Fehlern bei der Ermittlung aus.

b) Maschinelle Aufbereitungstechniken

Die in der Praxis in ständig größerem Umfang eingesetzten maschinellen Anlagen zur Verarbeitung des anfallenden Datenmaterials, insbesondere die elektronische Datenverarbeitung, erlauben die Eingabe, Speicherung, Verarbeitung und Ausgabe betrieblicher Informationen mit großer Arbeitsgeschwindigkeit. Maschinelle Aufbereitungstechniken werden vor allem dann angewandt, wenn ein Betrieb ständig und in großem Umfang Kennzahlen und Kennzahlen-Systeme zur Steuerung und Kontrolle der Verfahrensabläufe braucht. Dies gilt z.B. für Kennzahlen aus dem Gebiet der Kostenrechnung und im Zusammenhang mit einer Lagerbuchführung für die Ermittlung des Lagerumschlags, der optimalen Bestellmenge und des Bestellzeitpunktes für den einzelnen Roh-, Hilfs- oder Betriebsstoff sowie im Rahmen von Bilanzanalysen.

Solche Aufbereitungstechniken benötigen bei einer Einführung eine längere mit hohen Kosten verbundene Vorbereitungszeit. Durch die erforderliche Normung der Verfahrensabläufe, insbesondere auch der Ausarbeitung entsprechender Formulare, bedarf es zur Änderung einer Übergangszeit. Anpassungen an eine gewandelte Informationsnachfrage lassen sich daher schwerer befriedigen. Die Flexibilität ist eher gering. Die Vorteile derartiger Aufbereitungsverfahren liegen, sofern sie einmal geschaffen und die Daten eingegeben sind, in der schnellen und zudem auch rationellen Verarbeitung großer Mengen von Informationen. Durch die rasch voranschreitende Technik auf diesem Gebiet, insbesondere auch der umfangreichen Standardsoftware, kommt den maschinellen Aufbereitungsverfahren bereits jetzt und vor allem in der Zukunft eine ständig wachsende Bedeutung zu.

Die manuelle Auswertung stellt die Ausnahme für einzeln und selten zu ermittelnde Kennzahlen und Kennzahlen-Systeme dar.

Verfahren	Manuelle Aufbereitung	Maschinelle Aufbereitung (EDV)
Merkmale	• Formblätter • Zeitintensiv • Fehlergefahr • Hohe Flexibilität	• EDV-Ausdrucke • Lange Vorbereitungszeit • Genormte Verfahrensabläufe • Geringe Flexibilität
Anwendungsbereiche	• Einzelfälle (Geringe Datenmengen) • Sonderaufgaben	• Vielzahl von Fällen (Große Datenmengen) • Daueraufgaben

Abbildung 16: Verfahren der Aufbereitung und ihre Kennzeichnung

Literaturhinweise

Griese, J., Informationssysteme, computergestützte, in: HWB, 5. Aufl., Stuttgart 1993, Sp. 1767 ff.
Scharnbacher, K., Statistik im Betrieb, 14. Aufl., Wiesbaden 2004, S. 29 ff.
Thome, R., EDV und Organisation, in: HWB, 5. Aufl., Stuttgart 1993, Sp. 848 ff., mit zahlreichen Literaturhinweisen
Wöhe, G., Einführung in die Allgemeine Betriebswirtschaftslehre, 24. Aufl., München 2010, S. 165 ff.

4. Fehler, Fehlerausgleich, Fehleraggregation

a) Ursachen von Fehlern

Zwei große Bereiche kommen als Ursachen für Fehler in Betracht, nämlich
(1) der Formalaufbau und
(2) die Ermittlung (Stufen und Methoden, Unterlagen, Aufbereitung).
Fehler, die auf dem *Formalaufbau*, d.h. der Konstruktion, basieren, berühren die Zweckeignung der Kennzahl bzw. des Kennzahlen-Systems zur Lösung der gestellten Aufgabe (Informationsbedarf ist nicht identisch mit der Kennzahl bzw. mit

der durch das Kennzahlen-System verkörperbaren Information). Entweder gibt es für dieses spezifische Problem keine adäquate Kennzahl bzw. kein adäquates Kennzahlen-System oder aus der Vielzahl der vorhandenen Möglichkeiten konnte nicht die Kennzahl oder das Kennzahlen-System herausgefunden werden, das sich zur Lösung der gestellten Aufgabe am besten eignet. Im zuerst genannten Fall mag dies z.b. auf das nicht zu lösende Problem der Quantifizierung zurückzuführen sein. Dann muss die Ermittlung unterbleiben. Vielleicht erlaubt die spätere Entwicklung von neuen und besseren Methoden der Quantifizierung betriebswirtschaftlicher Tatbestände die Errechnung tauglicher Kennzahlen bzw. Kennzahlen-Systeme. Bei mangelhafter Zweckeignung ist trotz exakter Ermittlung die Aussagekraft und Verwendbarkeit entsprechend dem Grad der Unzulänglichkeit des Formalaufbaus im Hinblick auf die zu lösende Aufgabe schlecht. Ein Benutzer muss diesen Sachverhalt kennen und ihn bei einer eventuellen Interpretation der Zahlen berücksichtigen.

Aus *Fehlern bei der Ermittlung* resultiert, dass eine an sich mögliche exakte Quantifizierung betriebswirtschaftlicher Tatbestände wegen Mängeln bei den Stufen und Methoden der Ermittlung, den Unterlagen der Erhebung und der Aufbereitung der Informationen nicht zustande kommt.

Die in Kennzahlen und Kennzahlen-Systemen wiedergegebenen numerischen Dimensionen stimmen durch Ermittlungsfehler nicht mit dem Original, der Wirklichkeit, überein. Es ist zu untersuchen, welche Auswirkungen Fehler der Ermittlung haben; ob sich einzelne Fehler mit anderen ganz oder teilweise kompensieren oder sich aber verstärken. Ohne wenigstens eine grobe Einschätzung des Fehlerbereiches bei Ergebnissen aus betriebswirtschaftlichen Kennzahlen oder Kennzahlen-Systemen erscheint eine sinnvolle Arbeit unmöglich zu sein.

b) Ermittlungsfehler und ihre Auswirkungen bei Kennzahlen

Bei der Beschreibung von Fehlern kann ebenfalls von der Einteilung der Kennzahlen nach statistisch-methodischen Gesichtspunkten, also in absolute Zahlen und Verhältniszahlen, ausgegangen werden. *Absolute Zahlen* sind Mengen- oder Wertgrößen, so z.B. die Zahl der Mitarbeiter, der Bestand an Vorräten. In diesen Fällen wirken sich Fehler bei der Ermittlung als wert- oder mengenmäßige Ungenauigkeit direkt auf die Kennzahl aus. Eine Abschätzung der Abweichung von der Realität erlaubt nur der Einzelfall bei genauer Kenntnis aller Ermittlungsmodalitäten.

Das Problem der Genauigkeit von *Verhältniszahlen* wurde im Rahmen der statistischen Methodenlehre untersucht. Dabei ergab sich, dass

(1) die absolute Höhe der Abweichung der Zahlen in Zähler und Nenner von der Realität keinen Schluss auf den Umfang der Ungenauigkeit der errechneten Kennzahl zulässt und

(2) in der Abweichungsrichtung gleichlaufende Ermittlungsfehler von Zähler und Nenner (+ oder –) sich teilweise oder ganz kompensieren, sich aber sonst verstärken.

Abbildung 17 gibt einen Überblick über Fehler, Fehlerausgleich und Fehleraggregation. Erst durch die Relativierung der Abweichungen kann die Fehlerhaftigkeit eingegrenzt bzw. ein Korrekturfaktor ermittelt werden. Der *Korrekturfaktor* gibt an, mit welcher Zahl das ermittelte und fehlerhafte Ergebnis zu multiplizieren ist, damit sich das richtige Ergebnis ergibt. In *Abbildung 18* sind für die wichtigsten Abweichungen von Zähler und Nenner vom vermuteten tatsächlichen Wert (= 100 %) die dazugehörigen Korrekturfaktoren zusammengestellt.

Den geschilderten Sachverhalt der Fehlereingrenzung soll in aller Kürze das auf Seite 68 folgende praktische Beispiel aufzeigen.

Mit Hilfe der Korrekturfaktoren kann wie das Beispiel zeigt bei alternativen Annahmen über die Abweichung ermittelter Größen vom vermuteten tatsächlichen Wert der Fehlerbereich eingegrenzt und bei der Auswertung der Kennzahlen berücksichtigt werden.

In vielen Fällen aber werden Zahlen mittels mehr oder weniger komplizierter mathematischer Formeln (u.a. optimale Bestellmenge, Lagerhaltungsmodelle) errechnet. Diese Fälle erfordern für eine Aussage die Kenntnis jedes einzelnen Wertes und deren Abweichung von der tatsächlichen Größe sowie die mathematische Formel. Gerade in solchen Modellen können sich Ungenauigkeiten erheblich verstärken oder aber auch kompensieren.

IV. ERMITTLUNG VON KENNZAHLEN

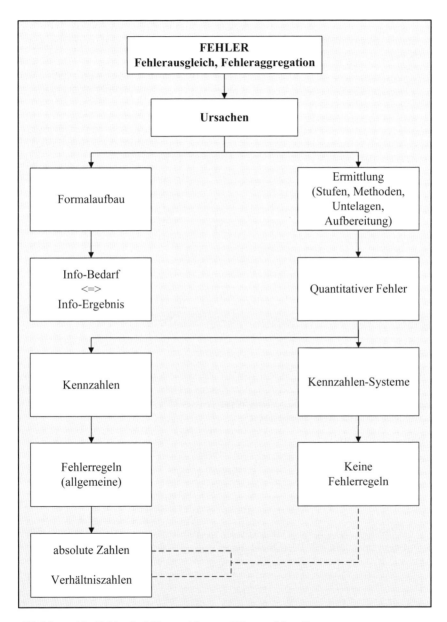

Abbildung 17: Fehler bei Kennzahlen und Kennzahlen-Systemen

IV. Ermittlung von Kennzahlen

		Zähler-Abweichung in % des wirklichen Werts										
		-25%	-20%	-15%	-10%	-5%	-2,5%	+/-0%	+2,5 %	+5%	+10%	+15%	+20%	+25%
Nenner-Abweichung in % des wirklichen Werts	-25%	1,00	0,94	0,88	0,83	0,79	0,77	0,75	0,73	0,71	0,68	0,65	0,63	0,60
	-20%	1,07	1,00	0,94	0,89	0,84	0,82	0,80	0,78	0,76	0,73	0,70	0,67	0,64
	-15%	1,13	1,06	1,00	0,94	0,89	0,87	0,85	0,83	0,81	0,77	0,74	0,71	0,68
	-10%	1,20	1,13	1,06	1,00	0,95	0,92	0,90	0,88	0,86	0,82	0,78	0,75	0,72
	-5%	1,27	1,19	1,12	1,06	1,00	0,97	0,95	0,93	0,90	0,86	0,83	0,79	0,76
	-2,5%	1,30	1,22	1,15	1,08	1,03	1,00	0,98	0,95	0,93	0,89	0,85	0,81	0,78
	+/-0%	1,33	1,25	1,18	1,11	1,05	1,03	1,00	0,98	0,95	0,91	0,87	0,83	0,80
	+2,5%	1,37	1,28	1,21	1,14	1,08	1,05	1,03	1,00	0,98	0,93	0,89	0,85	0,82
	+5%	1,40	1,31	1,24	1,17	1,11	1,08	1,05	1,02	1,00	0,95	0,91	0,88	0,84
	+10%	1,47	1,38	1,29	1,22	1,16	1,13	1,10	1,07	1,05	1,00	0,96	0,92	0,88
	+15%	1,53	1,44	1,35	1,28	1,21	1,18	1,15	1,12	1,10	1,05	1,00	0,96	0,92
	+20%	1,60	1,50	1,41	1,33	1,26	1,23	1,20	1,17	1,14	1,09	1,04	1,00	0,96
	+25%	1,67	1,56	1,47	1,39	1,32	1,28	1,25	1,22	1,19	1,14	1,09	1,04	1,00

Abbildung 18: Korrekturfaktoren zur Ermittlung des tatsächlichen Ergebnisses

Beispiel zur Fehlereingrenzung bei Kennzahlen

Ein Unternehmen will die Eigenkapitalrentabilität errechnen. Der Gewinn beträgt lt. Jahresabschluss € 120.000, das Eigenkapital € 1.200.000. Daraus ergibt sich die Eigenkapitalrentabilität wie folgt:

$$\text{Eigenkapitalrentabilität} = \frac{\text{Gewinn} \times 100}{\text{Eigenkapital}} \%$$

$$= \frac{120.000 \times 100}{1.200.000} \%$$

$$= 10 \%$$

Die Rentabilität des Eigenkapitals von 10 % stimmt wegen evtl. Ermittlungsfehler mit dem tatsächlichen Wert nicht überein, liegt also darüber oder darunter.

Die berechnende Stelle nimmt aufgrund ihrer Informationen z.B. wegen überhöhter Abschreibungen, stiller Reserven usw. an, dass

Fall 1

das ermittelte Eigenkapital und der errechnete Gewinn jeweils 20 % unter den tatsächlichen Werten liegen können.

Nach der Tabelle ergibt sich ein Korrekturfaktor von 1.00. Das errechnete Ergebnis stimmt, die Fehler kompensieren sich.

Fall 2

das angegebene Eigenkapital evtl. 10 % unter dem tatsächlichen liegt, der Gewinn aber korrekt errechnet wurde.

Nach der Tabelle ergibt sich ein Korrekturfaktor von 0.90. Die effektive Eigenkapitalrentabilität beträgt 10.0 x 0.90 = 9 %.

Fall 3

die ermittelten von den tatsächlichen Beträgen nach oben oder unten abweichen und zwar können sie bis zu 10 % darunter und bis zu 20 % darüber liegen.

Im günstigsten Fall beträgt der Korrekturfaktor 1.33 (Gewinn -10 %, Eigenkapital + 20 %) und im ungünstigsten Fall 0.75 (Gewinn + 20 %, Eigenkapital -10 %). Daraus errechnet sich

eine obere Grenze von   10.0 x 1.33 = 13.3 %

und eine untere Grenze von   10.0 x 0.75 =   7.5 %,

was einen Fehlerbereich von 5.8 % ergibt.

c) Ermittlungsfehler und ihre Auswirkungen bei Kennzahlen-Systemen

Bei Kennzahlen-Systemen mit Systematisierungszusammenhang stehen die Kennzahlen nebeneinander. Ermittlungsfehler und Ungenauigkeiten bei einer Kennzahl beeinflussen andere nicht. Die im Zusammenhang mit einzelnen Kennzahlen entwickelten Grundsätze der Fehlereingrenzung und des Korrekturfaktors gelten auch für diese Art von Kennzahlen-Systemen. Einer gesonderten Betrachtung bedürfen jedoch Kennzahlen-Systeme mit rechentechnischer Verknüpfung der Kennzahlen. Diese sind üblicherweise in Form einer Pyramide aufgebaut, wobei sich die Spitzenkennzahl ausgehend vom Fuß durch Rechenoperationen mit Hilfe von Verhältniszahlen und absoluten Zahlen ergibt. Ermittlungsfehler bei den verschiedenen Kennzahlen lassen sich durch ein schrittweises Vorgehen eingrenzen. Auszugehen ist dabei von der Basis und danach jedes Element von unten nach oben zur Spitzenkennzahl hin durchzurechnen (vgl. dazu auch *Abbildung 19*).

IV. ERMITTLUNG VON KENNZAHLEN

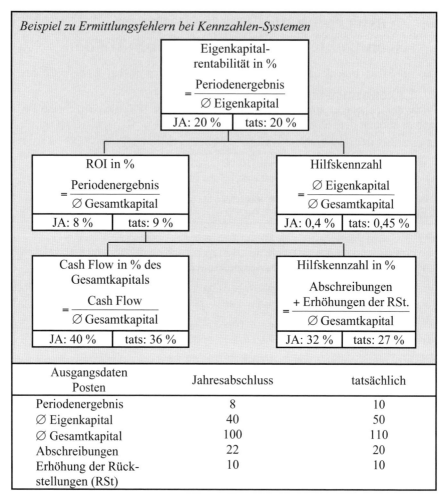

Abbildung 19: Ausschnitt aus dem ZVEI-Kennzahlen-System

Literaturhinweise

Hartung, J., Elpelt, B., Klösener, K.-H.: Statistik, 15. Aufl., München, Wien 2009, u.a. S. 320 ff.

Wöhe, G.: Bilanzierung und Bilanzpolitik, 9. Aufl., München 1997, S. 873 ff.

V. Auswertung und Darstellung von Kennzahlen und Kennzahlen-Systemen

1. Erkenntniswert von Kennzahlen und Kennzahlen-Systemen

Kennzahlen und Kennzahlen-Systeme sollen der Gewinnung von Erkenntnissen dienen. Im Hinblick auf dieses Merkmal lassen sie sich einteilen in solche mit

(1) selbständigem Erkenntniswert und solche mit

(2) unselbständigem Erkenntniswert.

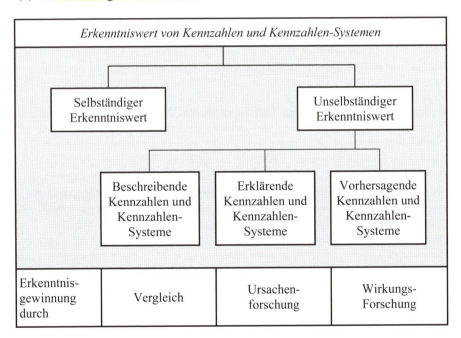

Abbildung 20: Erkenntniswert von Kennzahlen und Kennzahlen-Systemen

Als Kennzahlen und Kennzahlen-Systeme mit selbständigem Erkenntniswert werden nur die beschreibenden angesehen, die als inner- oder außerbetriebliche unbeeinflussbare Entscheidungsbedingungen vorgegeben sind. Hierher gehören z.B. Kennzahlen als betriebliche Vorgabewerte oder technische Bedingungen im Rahmen von Produktionskennzahlen. Eine wesentlich größere Bedeutung kommt den Kennzahlen und Kennzahlen-Systemen mit unselbstständigem Erkenntniswert zu. Diese können in

(1) beschreibende

(2) erklärende

(3) vorhersagende Kennzahlen und Kennzahlen-Systeme

gegliedert werden.

Beschreibende Kennzahlen und Kennzahlen-Systeme zeigen betriebswirtschaftliche Tatbestände lediglich auf, so z.B. enthält die Jahresbilanz die zu diesem Zeitpunkt vorhandenen Vermögensgegenstände und Kapitalbeträge. Eine Beurteilung des Sachverhaltes erlauben beschreibende Kennzahlen und Kennzahlen-Systeme nicht, weil ein Vergleichsmaßstab fehlt. Erst durch den Bezug auf einen identischen inner- oder außerbetrieblichen Tatbestand gelingt eine Bewertung. Zur Erkenntnisgewinnung aus beschreibenden Kennzahlen und Kennzahlen-Systemen bedarf es daher inner- und zwischenbetrieblicher Vergleiche, was eine Vielzahl von Problemen aufwirft. Dieses Gebiet bleibt deshalb einem gesonderten Kapitel vorbehalten (vgl. Kap. V. 2, Seite 73 ff.).

Im Gegensatz zu den rein beschreibenden Kennzahlen und Kennzahlen-Systemen, bei denen lediglich ein Vergleichen und Beurteilen ohne eine Erforschung der Ursachen stattfindet, wird mit *erklärenden* Kennzahlen und Kennzahlen-Systemen versucht, den Ursachen- und Wirkungszusammenhang herauszufinden, quantitativ zu erfassen und darzustellen. Diese Ursachenforschung lässt sich mit Hilfe verschiedener Verfahren durchführen. In Betracht kommen die auch in der allgemeinen Statistik verwendeten Korrelationsrechnungen und Zeitreihenanalysen, die stochastische Zusammenhänge zwischen der zu erklärenden Kennzahl bzw. des zu erklärenden Kennzahlen-Systems und einer ihrer Ursachen nachweisen können. Wegen der Einzelheiten und der Wirkungsweise dieser Verfahren sei auf die statistische Literatur verwiesen.

Als weiteres und sehr wichtiges Verfahren ist der Betriebsvergleich zu nennen. Mittels mindestens zweier gleichartiger Wirkungs- und Ursachenkennzahlen kann der Einfluss des restlichen Ursachenbündels isoliert werden. Einzelheiten dieser Art von Ursachenforschung enthält ein besonderer Abschnitt (vgl. Kap. V. 2, Seite 73 ff.).

Vorhersagende Kennzahlen und Kennzahlen-Systeme sollen die gesamten Wirkungen geplanter Handlungen aufzeigen. Diese im Zusammenhang mit betrieblichen Planungen auftretenden Probleme der sog. Wirkungsforschung wurden bislang wissenschaftlich noch wenig untersucht. Der Grund liegt in der weitgehenden Vergangenheitsorientierung der bisher verwandten Kennzahlen und Kennzahlen-Systeme für Kontroll- und nicht für Planungszwecke.

Literaturhinweise
Hartung, J., Elpelt, B., Klösener, K.-H., Statistik, 15. Aufl., München, Wien 2009
Scharnbacher, K., Statistik im Betrieb, 14. Aufl., Wiesbaden 2004

2. Inner- und zwischenbetriebliche Vergleiche als Instrumente der Erkenntnisgewinnung

a) Begriff, Arten und Aufgaben von Betriebsvergleichen

Unter einem *Betriebsvergleich* wird die Gegenüberstellung mindestens zweier betriebswirtschaftlicher Tatbestände bzw. Kennzahlen oder Kennzahlen-Systeme verstanden. Dabei können sowohl innerbetriebliche Daten als auch Daten anderer Betriebe miteinander verglichen werden. Je nach den verwandten Systematisierungsmerkmalen lassen sich die verschiedenen Arten und Formen des Betriebsvergleichs entwickeln. Die wichtigsten fasst *Abbildung 21* zusammen.

In der Praxis werden solche Vergleiche auch als Wettbewerbs- oder Konkurrenzanalyse bezeichnet. Sie sollen die eigene wirtschaftliche Lage im Vergleich zur Konkurrenz bzw. Wettbewerbern aufzeigen.

Die *Aufgabe* von Betriebsvergleichen ist zweifach. Zum einen dient der Betriebsvergleich der *Erkenntnisgewinnung* zur Beurteilung betrieblicher Kennzahlen und Kennzahlen-Systeme. Ohne einen Vergleich mit einer anderen Kennzahl oder Werten in Kennzahlen-Systemen, die u.a. einen identischen Formalaufbau besitzen müssen, können sie in ihrem Aussagegehalt nicht beurteilt werden. Zum anderen verwendet die Forschung und Praxis Kennzahlen und Kennzahlen-Systeme für die *Ursachenforschung*. Bestimmte Methoden sollen die Frage von Ursache und Wirkung aufdecken. Beide Zwecke des Betriebsvergleichs sind im Einzelnen noch darzulegen.

Systematisierungsmerkmal	Arten des Betriebsvergleichs					
nach dem Vergleichsobjekt	Zwischenbetriebliche Vergleiche					
	Betrieb A - Betrieb B		Betrieb A - Gruppe von Betrieben			Gruppe - Gruppe von Betrieben
nach der Art des Vergleichs	Struktur-Vergleiche (Aufbau-)			Prozess-Vergleiche (Ablauf-)		
nach dem Vergleichsgegenstand	Vergleiche der Funktion					
	Beschaffung	Lagerwirtschaft	Produktion	Absatz	Personalwirtschaft	Finanzwirtschaft, Jahresabschluss
nach dem Ziel / der Art der Erkenntnisgewinnung	Vergleiche zur Beurteilung			Vergleiche zur Ursachenforschung		
nach der Branche	Vergleiche von Betrieben derselben Branche			Vergleiche von Betrieben verschiedener Branchen		
nach der zeitlichen Dimension	Zeitpunkt-Vergleiche (statisch)			Zeitraum-Vergleiche (dynamisch)		
nach dem Inhalt des Vergleichs	Ist-Vergleiche		Soll-Ist-Vergleiche		Verfahrens-Vergleiche	
nach dem zugrunde liegenden Zeitraum	vergangenheitsorientierte Vergleiche			zukunftsorientierte Vergleiche		

Abbildung 21: Arten des Betriebsvergleichs

b) Voraussetzungen und Störungsfaktoren beim inner- und zwischenbetrieblichen Vergleich

Kennzahlen und Kennzahlen-Systeme lassen sich nur dann sinnvoll miteinander vergleichen, wenn sie

(1) denselben Formalaufbau besitzen;
(2) nach denselben Grundsätzen (Methoden und Unterlagen)

ermittelt werden.

Bei inner- und zwischenbetrieblichen Zeitvergleichen ist besonders auf die formelle und materielle Ermittlungskontinuität zu achten. Trotzdem können sog. *Störungsfaktoren* die Vergleichbarkeit der errechneten Kennzahlen oder der Werte in Kennzahlen-Systemen beeinträchtigen. Dabei stellt nicht die qualitative Darstellung, sondern die Ermittlung der quantitativen, von Jahr zu Jahr schwankenden, Auswirkungen das Hauptproblem dar. Die wichtigsten Störungsfaktoren bei inner- und zwischenbetrieblichen Vergleichen enthält *Abbildung 22* auf Seite 76.

Zur *Beseitigung* dieser Störungen kommen additiv oder alternativ zwei Methoden in Frage. Entweder es wird versucht, den Umfang des Vergleichsobjektes einzuschränken und die gestörten Teile wegzulassen, oder aber die Störungsfaktoren werden durch Umrechnungen neutralisiert, so z.B. ein unterschiedlicher Beschäftigungsgrad. Ob und ggf. mit welcher Stärke ein Tatbestand als Störungsfaktor gilt, lässt sich nur im Einzelfall klären und hängt sowohl von der zu vergleichenden Kennzahl bzw. vom Kennzahlen-System als auch dem Vergleichszweck ab. Es kann aber nicht Ziel inner- oder zwischenbetrieblicher Vergleiche sein, alle Unterschiede der Vergleichsobjekte als Störungsfaktoren wegzufiltern, um letztlich ein identisches Ergebnis zu erhalten.

c) Vergleiche als Methode zur Beurteilung

Beschreibende Kennzahlen und Kennzahlen-Systeme besitzen einen unselbständigen Erkenntniswert. Aus ihnen allein und ohne ein (zumindest rein gedankliches) Vergleichen mit einem anderen entsprechenden Zahlenmaterial ist *keine Beurteilung* möglich. So erlaubt z.B. eine Eigenkapitalrentabilität von 10 % keinen Schluss darüber, ob der erwirtschaftete Ertrag im Verhältnis zum Eigenkapital als gut, befriedigend oder schlecht bezeichnet werden muss. Erst ein inner- oder/und zwischenbetrieblicher Vergleich, ggf. nach Ausschaltung von Störungsfaktoren, gestattet eine wertende Einordnung des eigenen Ergebnisses. Das *Anspruchsniveau* bestimmt dabei der Benutzer selbst. Es ist subjektiv, entzieht sich einer objektiven Beurteilung und unterliegt der Wandlung im Zeitablauf.

Art des Vergleichs	Störungsfaktoren
Innerbetrieblicher Vergleich	a) Preisschwankungen (Absatz-, Beschaffungsmarkt, Personalkosten) b) Änderungen des Produktionsprogramms, des Produktionsverfahrens, der Organisation c) Schwankungen des Beschäftigungsgrades d) Änderungen der Betriebsgröße und der Kapazität e) Auswahl der Vergleichszeiträume und der Vergleichszeitpunkte
Zwischenbetrieblicher Vergleich	a) Uneinheitliches Produktionsprogramm (quantitativ, qualitativ) b) Unterschiedliche Produktionsverfahren c) Unterschiedliche Produktionstiefe (Zahl der Produktionsstufen zwischen Rohstoff und Fertigerzeugnis) d) Unterschiede im Grad der Selbstversorgung e) Differenzen in der Betriebsgröße f) Unterschiedliche Belegschaftsstruktur g) Standort (mit Einfluss insbesondere auf Transportkosten, Personalkosten, Steuerbelastung) h) Unterschiedlicher Beschäftigungsgrad i) Rechtsform der Unternehmung (mit Einfluss insbesondere auf Bewertung, Steuerbelastung (KSt, ESt, GewSt), Verrechnung von Unternehmerlohn)

Abbildung 22: Störungsfaktoren

Eine Erkenntnis über die *Gründe des Ergebnisses* (die Ursachen und die Wirkungen von Tatbeständen) wird aber mit einem Vergleich nicht gewonnen. Dazu bedarf es weiterer Analysen im Rahmen einer spezifischen Ursachenforschung. In vielen Fällen beurteilt jedoch das Management die ermittelten betrieblichen Kennzahlen und die Werte in Kennzahlen-Systemen durch Vergleich. Entspricht das Ergebnis den *subjektiven* Erwartungen des Benutzers, folgt in der Regel keine Ursachenforschung. Bleibt aber das Ergebnis hinter seinen Ansprüchen zurück, sollte sich zur Feststellung der Gründe für das unbefriedigende Ergebnis eine Ursachenforschung anschließen. Durch den Vergleich eines Bündels von Kennzahlen oder eines Kennzahlen-Systems mit Ordnungszusammenhang lässt sich in vielen Fällen die Ursache von Unterschieden besser lokalisieren und gezielter untersuchen.

Auf einen *Aussagemangel* des Vergleichs als Methode der Beurteilung von Kennzahlen muss hingewiesen werden. Ein inner- und zwischenbetrieblicher Vergleich, z.B. der Umsatzrentabilität von 2,4 % im Jahre 2004, mit 2,3 % im Jahre 2003 und mit dem Branchendurchschnitt als Richtzahl im Jahre 2004 von 2,2 %, sagt lediglich aus, dass sich die Umsatzrentabilität von 2003 auf 2004 um 0,1 % verbesserte und mit 0,2 % über dem Durchschnitt der Branche des Jahres 2004 liegt. Daraus folgt nicht, dass die Unternehmung im Jahre 2004 »optimal« i.S.d. ökonomischen bzw. erwerbswirtschaftlichen Prinzips gearbeitet hat und nicht durch eine solche Handlungsweise ein wesentlich besseres Ergebnis möglich gewesen wäre.

Zur *Beurteilung von Bilanzen* ziehen Analytiker oft normative Bilanzregeln, Finanzierungsregeln oder Liquiditätsgrundsätze heran. Die Vertreter dieser Normen erklären, die Einhaltung der vorgegebenen Relationen und Regeln gewährleistet die finanzielle Sicherheit der Unternehmung. Dieser Ansicht muss widersprochen werden. Es gibt keine allgemeingültigen Maximen oder Rezepte über Bilanzstruktur, Finanzierung usw., was überzeugend nachgewiesen wurde. Ähnliches gilt für *Kennzahlenkonzentrate* (Ermittlung einer Werteziffer durch Gewichtung ausgewählter Kennzahlen). Gegen ein solches Vorgehen lässt sich einwenden, dass

(a) die Selektion der Kennzahlen und

(b) deren Gewichtung subjektiv ist sowie dass

(c) die Information der einzelnen Kennzahl untergeht.

Seit Mitte der 90er Jahre wird versucht, im Rahmen von Bonitätsprüfungen, insbes. von Kreditinstituten, die wirtschaftliche Lage von Unternehmen mit Hilfe der multivariaten Diskriminanzanalyse zu kennzeichnen. Diese sog. Insolvenzprognose-Modelle werden inzwischen von fast allen deutschen Kreditinstituten eingesetzt. Es muss an dieser Stelle auf *Benchmarking* hingewiesen werden. Durch den internen oder externen Vergleich mit relevanten Partnern soll mit dieser Methode ein kontinuierlicher Prozess der Verbesserung eingeleitet werden.

d) Vergleiche als Methode der Ursachenforschung

Der Betriebsvergleich erlaubt eine *zweifache Nutzung* für die Zwecke der Ursachenforschung. Als *erstes Verfahren* wird vorgeschlagen, mindestens je zwei gleichartige Wirkungs- und Ursachen-Kennzahlen miteinander zu vergleichen, wobei der Einfluss der Ursachenkennzahlen bekannt sein muss. Daraus leitet sich dann der Einfluss aller anderen Ursachen als Ursachenbündel ab. Ein anschließendes schrittweises Isolieren einzelner weiterer Ursachen setzt deren Kenntnis und die Quantifizierung ihrer Auswirkungen voraus.

> *Beispiel*
>
> Zwei Unternehmen produzieren z.B. ein in der Art und Qualität gleiches Rohprodukt mit unterschiedlichen Selbstkosten pro Einheit (Wirkungskennzahl). Ein Teil des Kostenunterschiedes kann auf eine höhere bzw. niedrigere Ertragsteuerbelastung (Ursachenkennzahl) zurückzuführen sein. Nach der Herausrechnung der Ertragsteuerbelastung verbleibende Kostenunterschiede rühren aus allen anderen Ursachen als einem Ursachenbündel her. Durch die Eliminierung jeder weiteren quantifizierten Ursache, u.a. Beschäftigungsgrad, Personalkosten, Produktivität, lässt sich eine schrittweise Ursachenforschung betreiben.

Beim *zweiten Verfahren* wird eine Ursache aus einem Ursachenbündel durch Bildung und Vergleich von Verhältniszahlen mit der Wirkungskennzahl im Nenner und der Ursachenkennzahl im Zähler isoliert. Diese Methode erfordert eine Zu- bzw. Abnahme von Wirkungs- und Ursachenkennzahl in der gleichen Richtung.

> *Beispiel*
>
> Die Personalkosten je Beschäftigten statt gesamter Personalkosten oder Umsätze je Beschäftigten statt gesamter Umsatz können angeführt werden.

Ein Vergleich ist in diesem Zusammenhang entweder ein innerbetrieblicher Zeitvergleich oder ein zwischenbetrieblicher Vergleich (auf den gleichen Zeitpunkt oder Zeitraum bezogen). Dies bedeutet, dass zur Erlangung von Erkenntnissen über die Ursachen alle inner- und zwischenbetrieblichen Störungsfaktoren bekannt sein, in ihren Auswirkungen quantifiziert und dann eliminiert werden müssen. Bei derzeitigem Stand der Kennzahlentheorie erscheint das unmöglich. Der *Anwendungsbereich der Ursachenforschung* muss deshalb weg von Globalgrößen mit vielen Ursachen-Wirkungszusammenhängen (z.B. der Eigenkapitalrentabilität) hin auf einen Vergleich spezieller Kennzahlen mit möglichst wenigen Ursachen-Wirkungszusammenhängen (z.B. der Materialproduktivität eines einfachen Aggregats) zielen. Dann lassen sich auch mit diesen Methoden aussagefähige Ergebnisse erreichen.

Kennzahlen-Systeme mit Ordnungszusammenhang zeigen mittels einzelner, rechentechnisch nicht verknüpfter Kennzahlen bestimmte Tatbestände auf. Wegen des sachbezogenen Zusammenhangs lassen sich nach einem Vergleich durchaus Ursachenfelder herausfinden, was aber einerseits vom gewählten Ordnungszusammenhang und andererseits von den betriebswirtschaftlichen Kenntnissen und der Vertrautheit des Benutzers mit den betrieblichen Gegebenheiten abhängt. Außerdem vermag ein Auswerter diese Kennzahlen-Systeme wie einzelne Kennzahlen auch mit Hilfe der beiden zuerst genannten Verfahren zu analysieren.

Beziehungszahlen (Kennzahlentyp B = Quotient oder Prozentzahl aus verschiedenartigen Gesamtgrößen) als Kennzahlen können in einem eindeutigen bzw. einschichtigen Ursachen-Wirkungszusammenhang stehen. In den meisten Fällen jedoch handelt es sich um mehrdeutige bzw. mehrschichtige (sich evtl. kompensierende, verstärkende oder/und ständig wechselnde) Ursachen-Wirkungszusammenhänge, von denen ein einziger (vermuteter oder nachgewiesener) mit der Kennzahl erfasst wird. Aus Beziehungszahlen lässt sich durch Vergleiche nur dann eine Ursache richtig feststellen, wenn alle übrigen Ursachen-Wirkungszusammenhänge im Zeitablauf oder bei den Vergleichsbetrieben konstant bleiben bzw. gleich sind. Dies trifft bei betriebswirtschaftlichen Tatbeständen jedoch selten oder gar nicht zu, so dass eine Ursachen-Wirkungsforschung mit Beziehungszahlen praktisch unmöglich ist.

Literaturhinweise

Gräfer, H., Schneider, G., Bilanzanalyse, 11. Aufl., Herne 2010, S. 20 ff.
Krystok, V., Benchmarking, in: HWO, 4. Aufl., Stuttgart 2004, Sp. 79 ff. mit zahlreichen Literaturhinweisen
Schott, G., Kennzahlen, Instrument der Unternehmensführung, 6. Aufl., Wiesbaden 1991, S. 231 ff.
Siegwart, H., Reinecke, S., Sander, S., Kennzahlen für die Unternehmensführung, 7. Aufl., Bern, 2007, S. 211 ff.
Vodrazka, K., Vergleichsrechnungen, in: HWR, 3. Aufl., Stuttgart 1993, Sp. 1997 ff., mit zahlreichen Literaturverweisen
Zdrowomyslaw, N., Kasch, R., Betriebsvergleiche und Benchmarking für die Managementpraxis, München/Wien 2002

3. Kennzahlen-Systeme mit rechentechnischer Verknüpfung als Instrumente zur Aufdeckung von Ursachen-Wirkungszusammenhängen

Ein Teil des gesamten Ursachen-Wirkungszusammenhanges kann aus Kennzahlen-Systemen mit rechentechnischer Verknüpfung (wobei in Anlehnung an die Kennzahlen-Systeme der Praxis eine Pyramidenform mit einer Spitzenkennzahl unterstellt wird) erkannt werden. Er beschränkt sich auf *vertikale* Beziehungen. Voraussetzung ist allerdings, dass die miteinander verknüpften Kennzahlen auch tatsächlich in einem Ursachen-Wirkungszusammenhang stehen, den die rechnerische Verbindung vollständig erfasst, und dass nicht andere, wichtige Faktoren vernachlässigt wurden. *Horizontale* Ursachen-Wirkungszusammenhänge lassen sich mit diesen Systemen *nicht* nachweisen. Im Gegensatz zu einzelnen Kennzahlen ergibt sich bei dieser Art von Kennzahlen-Systemen auch ohne einen Vergleich bereits die geschilderte Ursachen-Wirkungskette. Inner- und zwischenbetriebliche Vergleiche erhöhen jedoch die Aussagekraft. Dabei müssen Störungsfaktoren berücksichtigt, d.h. u.U. eliminiert werden. Trotz der genannten Mängel sind Kennzahlen-Systeme mit rechentechnischer Verknüpfung als derzeit beste Instrumente im Zusammenhang mit der Beurteilung von Betrieben als ganzes anzusehen.

Literaturhinweise

Wöhe, G., Bilanzierung und Bilanzpolitik, 9. Aufl., München 1997, S. 865 ff.
Zentralverband der Elektrotechnischen Industrie e.V. ZVEI-Kennzahlensystem, 4. Aufl., Frankfurt 1989, S. 23 ff.

4. Überprüfung der qualitativen Eigenschaften von Kennzahlen und Kennzahlen-Systemen

Das Anspruchsniveau durch die Bestimmung der qualitativen Eigenschaften (insbesondere Zweckeignung, Genauigkeit, Aktualität, Kosten-Nutzen-Relation; vgl. Abschnitt III. 2, Seite 43 ff.) wird bei der Bildung von Kennzahlen und Kennzahlen-Systemen festgelegt. Diese Normen haben den Charakter einer Vorgabe, die bei der späteren Ermittlung zu erreichen sind. Ob dies gelingt, kann erst nachträglich mittels einer Überprüfung der qualitativen Eigenschaften durch Gegenüberstellung von Soll und Ist festgestellt werden. Sie brauchen nicht alle qualitativen Merkmale zu umfassen; die Beschränkung auf besonders wichtige (in Abhängigkeit von der Kennzahl bzw. dem Kennzahlen-System) erscheint vorteilhaft.

Aus Wirtschaftlichkeitsgründen lassen sich nicht alle zur Planung und Kontrolle des Betriebsgeschehens ständig und in großer Zahl verwendeten Kennzahlen und Kennzahlen-Systeme im Hinblick auf die Übereinstimmung der effektiven qualitativen Merkmale mit den Vorgabewerten überprüfen. Als Auswahlkriterien dürften vor allem zwei Faktoren heranzuziehen sein, nämlich erstens die Bedeutung der Kennzahl bzw. des Kennzahlen-Systems für die Steuerung des Betriebes und zweitens der Zeitpunkt der letzten Überprüfung. Daraus lassen sich folgende *Grundsätze* ableiten:

(1) Je wichtiger eine Kennzahl oder ein Kennzahlen-System für die Planung und Kontrolle ist, desto häufiger muss eine Nachprüfung erfolgen.

(2) Je größer der zeitliche Abstand zur letzten Überprüfung ist, desto größer ist die Wahrscheinlichkeit einer Veränderung der qualitativen Eigenschaften.

Literaturhinweise

Gemünden, H. G., Information, Bedarf, Analyse und Verhalten, in: HWB, 5. Aufl., Stuttgart 1993, Sp. 1725 ff.

5. Verfahren der Darstellung

a) Tabellarische Darstellungsmethoden

Eine Tabelle besteht aus zwei Teilen, nämlich Textteil (Überschrift, Kopf, Vorspalte) und dem Zahlenteil (Zeilen, Spalten, Summenspalte) (vgl. *Abbildung 23*). Einfache oder eingliedrige Tabellen enthalten nur eine Zahlenreihe oder Zahlenreihen einer Art, z.B. die Zahl der Beschäftigten während der einzelnen Monate des laufenden und des vergangenen Jahres. Mehrgliedrige Tabellen entstehen durch Differenzierung einer Zahlenreihe nach verschiedenen Merkmalen (u.a. sachlich, räumlich, zeitlich, personell). Bei der kumulativen Tabelle werden die Summen einer Zeile mit der vorhergehenden Zeile zusammengefasst. Kombinationen zwischen eingliedriger und kumulativer sowie zwischen mehrgliedriger und kumulativer Tabelle sind möglich. Das Beispiel in *Abbildung 24* stellt eine Kombination zwischen mehrgliedriger und kumulativer Tabelle dar. Vom Arbeitsausschuss Statistik im Deutschen Normenausschuss wurde der Aufbau und die Gestaltung von Tabellen in DIN-Norm 55391 festgelegt.

	Kopf					gesamt
0	1	2	3	4	5	6
1	Vorspalte	Spalte	← Zeile →			Summenspalte
2						
3						
4						
5 Gesamt		← Summenzeile →				

Abbildung 23: Grundform einer Tabelle

Umsatz \ Monat	Umsatz				Kumulierter Umsatz			
			Produkt				Produkt	
	Gesamt	A	B	C	Gesamt	A	B	C
	T EUR	T EUR	T EUR	T EUR	T EUR	T EUR	T EUR	T EUR
0	1	2	3	4	5	6	7	8
1 Januar	600	100	200	300	600	100	200	300
2 Februar	450	80	150	220	1050	180	350	520
3 März	600	120	200	280	1650	300	550	800
4 April	650	150	220	280	2300	450	770	1080
5 Mai	600	130	200	270	2900	580	970	1350
6 Juni	700	220	230	250	3600	800	1200	1600

Abbildung 24: Kombination zwischen mehrgliedriger und kumulativer Tabelle

b) Graphische Darstellungsmethoden

Tabellen sind, insbesondere bei einer großen Menge von Zahlen, unübersichtlich und zeigen den Sachverhalt nicht anschaulich genug auf. Deshalb werden betriebswirtschaftliche Tatbestände in Form von Kennzahlen und Kennzahlen-Systemen in vielen Fällen mit Hilfe graphischer Methoden dargestellt. Diese lassen sich in zwei große Gruppen einteilen, nämlich in

(1) graphische Darstellungen mit geometrischen Figuren
 (Statistische Diagramme) und

(2) graphische Darstellungen mit gegenständlichen Figuren
 (Bildstatistiken).

Als geometrische Figuren kommen vor allem Liniendiagramme (Strichdiagramme), Kurvendiagramme, Stabdiagramme und Kreisdiagramme in Frage. Dabei beeinflusst

(1) die Schraffurtechnik,

(2) die farbliche Ausgestaltung und

(3) die Wahl des (arithmetischen, halblogarithmischen oder vollogarithmischen) Maßstabs (speziell bei den am häufigsten verwandten Kurvendiagrammen)

die Aussagekraft. Dies kann im Rahmen einer Informations- und Publizitätspolitik betriebsintern im Zusammenhang mit Managementinformationssystemen oder betriebsextern, z.B. in der jährlichen Rechnungslegung mit Hilfe des Geschäftsberichtes, benutzt werden. *Abbildung 25* basiert auf dem Zahlenmaterial der Tabelle *Abbildung 24*. Graphische Darstellungen mit geometrischen Figuren verwendet die Praxis zur Veranschaulichung von Kennzahlen und Kennzahlen-Systemen häufig. Experimentelle Untersuchungen haben aber ergeben, dass Benutzer geometrische Figuren in vielen Fällen nicht richtig erfassen und einschätzen können. Bildstatistiken vermögen diese Mängel zu beheben. Sie werden mit gegenständlichen Figuren, z.B. Menschen, Tieren, Kraftwagen, Maschinen, Landkarten, Ernteerzeugnissen, ausgestattet.

Abbildung 26 verdeutlicht den Sachverhalt. Ein leicht zugängliches Anschauungsmaterial zur Gestaltung von Zahlen bieten u.a. die Geschäftsberichte der Großunternehmen und die Publikationen der Deutschen Bundesbank.

Auf den nachstehend gezeigten Zusammenhang zwischen den Grundformen von Schaubildern und den Grundtypen von Vergleichen weist *Zelazny* (S. 46) hin, vgl. *Abbildung 27*.

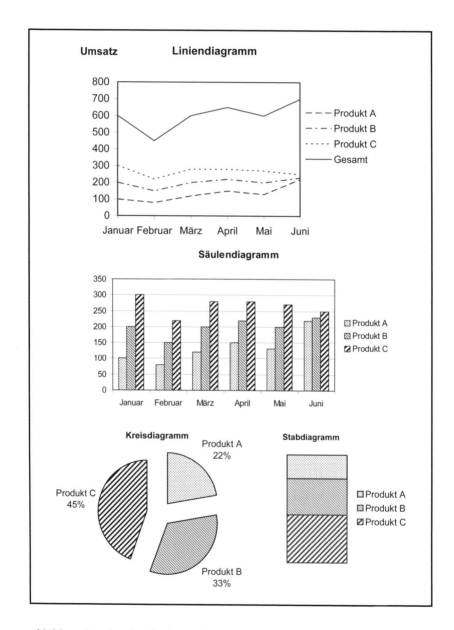

Abbildung 25: Graphische Darstellung mit geometrischen Figuren

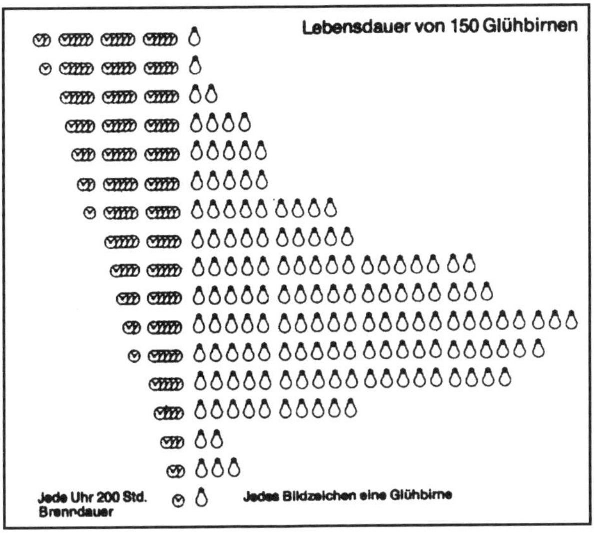

V. AUSWERTUNG UND DARSTELLUNG 85

Abbildung 26: Größenmäßige Sachreihe (nach Koberstein)

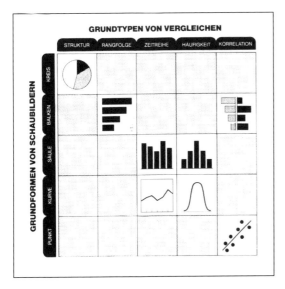

Abbildung 27: Grundformen von Schaubildern

c) Farbliche Gestaltung

In diesem Zusammenhang sind die Ergebnisse der Werbepsychologie und der Farbenlehre zu beachten. In *Abbildung 28* wird der Zusammenhang zwischen Erlebniswert und Farbe aufgezeigt. Diese generelle, auf unseren geographischen Bereich bezogene Aussage kann nicht ohne vorherige Prüfung auf andere Länder und Kontinente übertragen werden. Kulturelle Unterschiede, u.a. Religion, können zu anderen Erlebniswerten und zu einem Verbot beim Einsatz in der Wirtschaftswerbung führen.

Farbe	*Erkenntniswert*
Rot	stark, anregend, aufregend, unruhig, interessant, modern
Blau	sauber, anziehend, sorgenfrei, freundlich
Gelb	stark, modern, aufregend, anregend, unruhig, ähnlich wie rot, jedoch nicht so intensiv
Grün	fröhlich, sauber, gewöhnlich, normal

Abbildung 28: Farbe und Erlebniswert

Im Zusammenhang mit Kennzahlen und Kennzahlen-Systemen bedeutet »Rot« Gefahr, Abweichung von Sollvorgaben (= Roter Bereich). Dagegen zeigt »Grün«, dass die Werte sich mit den Vorgaben decken (= Grüner Bereich).

Literaturhinweise

Frieling, H., Farbe hilft verkaufen, Northeim-Zürich 2005
Krämer, W., So lügt man mit Statistik, München 2011
Küppers, H., Das Grundgesetz der Farbenlehre, Köln 2010
Meyer, J.-A., Visualisierung von Informationen, Wiesbaden 1999
Pinnekamp, H.-J., Siegmann, Fr., Deskriptive Statistik, 5. Aufl., München/Wien 2008, S. 36 ff.
Statistisches Bundesamt, Tabellen; Tipps und Tricks zur Gestaltung von Tabellen, Wiesbaden 2004
Zelazny, G., Wie aus Zahlen Bilder werden, 6. Aufl., Wiesbaden 2005
außerdem: Lehrbücher zur Statistik, Bilanz-Analyse

6. Berichtswesen als innerbetriebliches Kommunikationsinstrument

Zur Steuerung von Betrieben (Planung und Kontrolle) bedarf es zweckadäquater Informations- oder Kommunikationsinstrumente. Dies erfolgt mit Hilfe des Berichtswesens oder Reporting. Es stellt eine Verbindung zwischen den einzelnen Entscheidungsträgern her, auch in Konzernen.

Neben Texten kann das Berichtswesen zur besseren Verdeutlichung der Sachverhalte auch Tabellen und Graphiken enthalten. Von der Berichtsart lassen sich

- Standardberichte
- Abweichungsberichte und
- Bedarfs- oder Sonderberichte

unterscheiden.

Manuelle Berichtssysteme sind in der Praxis nur noch selten anzutreffen. In der Regel werden computergestützte Berichtssysteme verwendet. Ein bekanntes EDV-Berichtssystem ist z.B. Data Warehouse.

Eine umfassende Software-Suite bietet auch die CP Corporate Planning AG an. Sie beinhaltet folgende Module:

(1) Corporate Planner
 Integriertes Planungs-, Analyse- und Reportingsystem für das operative Controlling

(2) CP-BSC
 Webbasiertes System zur Abbildung und Implementierung einer Balanced Scorecard

(3) Risk Manager
 für das Risikomanagement gemäß KonTraG

(4) Strategic Planner
 für die strategische Unternehmenssteuerung

(5) CP-Cons
 für die Konsolidierung nach HGB und IFRS, einschließlich Kapitalflussrechnung, Segmentberichterstattung und Spiegel.

Die einzelnen Module der integrierten Suite sind als Einzellizenzen oder im Multiuser-Umfeld einsetzbar. Graphische Auswertungsmöglichkeiten und farbliche Differenzierungen unterstützen den Einsatz.

Literaturhinweise

Botta, V. (Hrsg.), Rechnungswesen und Controlling, 2. Aufl., Herne/Berlin 2002, S. 412 ff.

CP CORPORATE PLANNING AG, Alles aus einem Guss. Unternehmensteuerung mit Weitblick, Hamburg 2010

Hannig, U., Data Warehouse und Managementinformationssysteme, Stuttgart 1996

Küpper, U., Controlling, 5. Aufl., Stuttgart 2008, S. 194 ff.

Meyer, C., Der Geschäftsbericht – ein Leitfaden für Aufstellung, Gestaltung und Offenlegung, 2. Aufl., Stuttgart 1997

Meyer, C., Der Rechenschaftsbericht des GmbH-Geschäftsführers, in: DB 1999, S. 1913 ff.

Peemöller, V., Controlling, 5. Aufl., Herne/Berlin 2005, u.a. S. 351 ff.

Wöhe, G., Einführung in die allgemeine Betriebswirtschaftslehre, 24. Aufl., München 2010, u.a. S. 171 ff.

VI. Ausgewählte Kennzahlen aus der betrieblichen Praxis

Die funktional geordneten betriebswirtschaftlichen Kennzahlen sind auf *Industrieunternehmen* abgestellt. Kennzahlen aus Dienstleistungsbetrieben und aus besonderen Branchen wurden nicht berücksichtigt. Auch mussten wegen des Umfangs spezielle Anwendungsbereiche (z.B. Wertpapieranalyse) entfallen. Hinsichtlich dieser Sachbereiche wird auf die einschlägige Fachliteratur verwiesen.

In einigen Beiträgen der Literatur finden sich umfangreiche Zusammenstellungen von Kennzahlen und zwar u. a. bei Hofmann, Hunziker/Scheerer, Radke, Schott, Zentralverband der Elektrotechnischen Industrie e.V. Diese wenigen zusätzlichen Fundstellen sollen dem Leser helfen, einen noch breiteren Überblick über die Fülle und Vielfalt betriebswirtschaftlicher Kennzahlen zu gewinnen.

Bei der Angabe des Kennzahlentyps wird in dem folgenden Abschnitt verschiedentlich das Wort »*Grundformel*« vermerkt. Es weist darauf hin, dass

(1) sich der angegebene Kennzahlentyp nur auf die abgedruckte Kennzahlenformel bezieht und

(2) sich durch die bei Zähler und/oder Nenner genannten alternativen Inhalte andere Kennzahlentypen (vgl. Kap. I. 1, Seite 24 und Kap IV. 1e, Seite 53 ff.) ergeben können.

1. Kennzahlen aus dem Bereich der Beschaffung

Der betrieblichen Funktion *Beschaffung* kommt die Aufgabe zu, die *Produktionsfaktoren*

(1) in der benötigten Art,

(2) in der benötigten Qualität,

(3) zum benötigten Zeitpunkt,

(4) in der benötigten Menge und

(5) am Bedarfsort

bereitzustellen. Meist beschränkt sich die Betrachtung auf die Beschaffung von Roh-, Hilfs- und Betriebsstoffen sowie Handelswaren. Nicht abgehandelt wird oft die Beschaffung von Personal und Kapital sowie von Dienstleistungen.

a) Bestellwesen

Im Rahmen des Bestellwesens als Teil der Beschaffungsplanung sind die Kosten aus dem Beschaffungsvorgang fix und die der Lagerbestände variabel und als gegenläufige Kosten zu optimieren bzw. in ihrer Summe zu minimieren. Dazu bedient sich die Praxis *spezifischer Kennzahlen*, deren wichtigste nachfolgend zusammengestellt aufgezeigt werden.

Die *optimale Bestellmenge* als stark vereinfachtes Modell kann nur dann sinnvoll eingesetzt werden, wenn die zugrunde liegenden Voraussetzungen erfüllt sind, u.a. die Jahresbedarfsmenge hinreichend genau bekannt und keine Mindestbestellmenge vorgegeben ist. *Verfeinerungen* durch die Berücksichtigung weiterer variabler Faktoren, z.B. Mengenrabatte, wurden in der Literatur entwickelt. Im Zusammenhang mit der Lagerbuchführung auf EDV-Basis verwendet die Praxis oft auch andere, vereinfachte Formen, z.B. Verbrauch der letzten 3 Monate. Gleichzeitig wird bei solchen Programmen bei Erreichen von Mindestbeständen (siehe unter Kap. VI. 2, Seite 95 ff.) ein Bestellvorschlag automatisch ausgeworfen.

Bezeichnung	*Beschreibung*
Optimale Bestellmenge	$= \sqrt{\dfrac{200 \times \text{Jahresbedarfsmenge} \times \text{fixe Bestellkosten pro Bestellung}}{\text{Einstandspreis pro Einheit} \times (\text{Zinssatz} + \text{Lagerkostensatz})}}$ *Kennzahlentyp*: E 1 *Information*: Kostenoptimale Bestellmenge in Einheiten.
Optimale Zahl der Bestellungen pro Periode	$= \dfrac{\text{Bedarfsmenge pro Periode}}{\text{optimale Bestellmenge}}$ *Kennzahlentyp*: B 1 b *Information*: Anzahl der erforderlichen Bestellungen nach der optimalen Bestellmenge pro Periode.
Beschaffungshäufigkeit in Tagen	$= \dfrac{\text{Optimale Bestellmenge} \times 360}{\text{Bedarfsmenge pro Jahr}}$ *Kennzahlentyp*: B 1 b *Information*: Anzahl der Tage, nach denen jeweils eine erneute Bestellung notwendig ist.

VI. AUSGEWÄHLTE KENNZAHLEN 91

Mindestbestellmenge	= Beschaffungszeit in Tagen x Verbrauchsmenge pro Tag	
	Kennzahlentyp: E 1	
	Information: Bestellmenge, die bei gegebener Beschaffungszeit und feststehendem Verbrauch mindestens erforderlich ist.	
Struktur der Bestellungen nach Wertegruppen (alternativ: Anzahl)	$= \dfrac{\text{Wert der Bestellungen bis zu €/pro Bestellung} \times 100}{\text{Gesamtwert der Bestellungen}}$ %	
	Kennzahlentyp: C 2 b (Grundformel)	
	Zähler: Bildung von Gruppen z.B. im Abstand von jeweils € 50,-; statt »Wert der Bestellungen« kann alternativ »Anzahl der Bestellungen« eingesetzt werden.	
	Nenner: Statt »Gesamtwert« kann analog zum Zähler alternativ »Gesamtzahl« verwendet werden.	
	Information: Prozentualer Anteil der einzelnen Gruppe am Gesamtwert bzw. an der Gesamtzahl der Bestellungen.	
Durchschnittlicher Bestellwert	$= \dfrac{\text{Gesamtwert der Bestellungen}}{\text{Gesamtzahl der Bestellungen}}$	
	Kennzahlentyp: B 4 d	
	Information: Durchschnittswert einer Bestellung in einem Zeitabschnitt.	
Struktur der Bestellungen nach Artikeln (wertmäßig)	$= \dfrac{\text{Wert der Bestellungen Artikel} \ldots \times 100}{\text{Gesamtzahl der Bestellungen}}$ %	
	Kennzahlentyp: C 2 b (Grundformel)	
	Zähler: Statt »Artikel« Gruppenbildung möglich, anstelle von »Wert« kann alternativ »Anzahl« eingesetzt werden.	
	Nenner: Statt »Gesamtwert« kann analog dem Zähler »Gesamtanzahl« verwendet werden.	
	Information: Prozentanteil nach Wert bzw. Anzahl einzelner Artikel usw. am Gesamtwert bzw. an der Gesamtzahl der Bestellungen.	

b) Einkauf

Während im Bestellwesen die Optimierung der Kosten, die Menge und der Zeitpunkt der Bestellung im Mittelpunkt der Überlegung stehen, zielen die Kennzahlen des Einkaufs auf eine *Strukturierung und Kontrolle* der Kosten dieses Bereichs hin.

Die Unternehmensleitung sollte u.a. Informationen

(1) über die Struktur des Einkaufs und der Lieferanten wegen der Risiken und evtl. Abhängigkeiten,

(2) über die Kosten je Bestellung,

(3) über die Beanstandungsquoten, ggf. auch Lieferanten und

(4) über die Bezugskosten

besitzen.

Bezeichnung	Beschreibung
Struktur des Einkaufs	$= \dfrac{\text{Einkaufswert Artikel} \ldots \times 100}{\text{Gesamtwert des Einkaufs}}$ % *Kennzahlentyp*: C 2 b (Grundformel) *Zähler*: Statt »Artikel« können alternativ z.B. eingesetzt werden: Einkaufsgruppen, Lieferwerte (mit Staffelung), Lieferzeiten, Lieferanten (mit Rangreihenbildung), Beschaffungswege, Beschaffungsmittler usw. *Information*: Prozentanteil der Artikel usw. am Gesamtwert des Einkaufs
Durchschnittlicher Einkaufswert je Lieferant	$= \dfrac{\text{Gesamtwert des Einkaufs}}{\text{Zahl der Lieferanten}}$ *Kennzahlentyp*: B 4 d *Information*: Durchschnittliches Einkaufsvolumen bezogen auf Lieferanten in einem bestimmten Zeitabschnitt.
Durchschnittliche Kosten je Bestellung	$= \dfrac{\text{Kosten des Einkaufsbereichs}}{\text{Anzahl der Bestellungen (Einkäufe)}}$ *Kennzahlentyp*: B 4 b *Information*: Durchschnittskosten je Bestellung (Einkauf)

Beanstandungsquoten (*wertmäßig*)	$= \dfrac{\text{Wert der Beanstandungen wegen} \dots \times 100}{\text{Gesamtwert des Einkaufs}}\ \%$
	Kennzahlentyp: C 2 b (Grundformel)
	Zähler: Statt »Wert« kann alternativ »Anzahl« eingesetzt werden; Gründe: Mängel mit evtl. Untergliederung, Rücksendungen, Minderungen, Wandlungen usw.
	Nenner: Statt »Gesamtwert« kann analog dem Zähler »Gesamtanzahl« verwendet werden.
	Information: Prozentuale Beanstandungen, wert- oder anzahlmäßig.
Bezugskostenquote	$= \dfrac{\text{Bezugskosten pro Periode} \times 100}{\text{Gesamtwert des Einkaufs}}\ \%$
	Kennzahlentyp: C 2 b
	Zähler, Nenner: Aufspaltung in Artikel, Gruppen usw. möglich
	Information: Bezugskosten in Prozent des Werts des Gesamteinkaufs bzw. Teile davon.

c) Preisverhältnisse

Zur Erreichung des ökonomischen Prinzips bedarf es einer Beschaffung der Produktionsfaktoren zum *günstigsten Preis*, also ggf. unter Einschluss der Qualität, des möglichen Ausschusses in der Produktion und ähnlicher Faktoren. Die Beobachtung der Preisentwicklung auf dem Beschaffungssektor, global und artikelbezogen, evtl. verbunden mit dem Suchen nach alternativen Roh-, Hilfs- und Betriebsstoffen, gehört zu den Aufgaben der Unternehmensführung. Auch die Kontrolle der eingeräumten bzw. in Anspruch genommenen Rabatte gibt Aufschluss über die Marktstellung bzw. das Finanzgebaren des eigenen Unternehmens. Das kennzahlenbezogene Instrumentarium zeigen die folgenden Kennzahlen auf.

Bezeichnung	Beschreibung
Preisindex	$= \dfrac{\text{Preis im Berichtszeitpunkt} \times 100}{\text{Preis im Basiszeitpunkt}}\ \%$ *Kennzahlentyp*: B 2 a *Information*: Prozentuale Preisveränderung zwischen zwei Zeitpunkten bezogen auf den Basiszeitpunkt.
Durchschnittlicher Rabatt bzw. Skontosatz	$= \dfrac{\text{Gesamter Rabatt usw.} \times 100}{\text{Gesamtwert des Einkaufs}}\ \%$ *Kennzahlentyp*: C 2 b *Nenner*: Gesamtwert des Einkaufs vor Abzug von Rabatt, Skonto, Bonus *Information*: Durchschnittlicher Rabatt bzw. Skontosatz bezogen auf einen bestimmten Zeitabschnitt.
Rabattstruktur	$= \dfrac{\text{Rabatt wegen} \ldots \times 100}{\text{Gesamter Rabatt}}\ \%$ *Kennzahlentyp*: C 2 b *Zähler*: Als Rabattarten können z.B. eingesetzt werden: Funktions-, Mengen(= Umsatz-), Saison-, Sonder-Rabatte usw. *Information*: Prozentstruktur des Rabatts nach Arten oder anderen Kriterien.

Literaturhinweise

Radke, M., Die große Betriebswirtschaftliche Formelsammlung, 11. Aufl., Landsberg 2001, S. 270 ff.

Schott, G., Kennzahlen, Instrument der Unternehmensführung, 6. Aufl., Wiesbaden 1991, S. 109 ff.

2. Kennzahlen aus dem Bereich der Lagerwirtschaft

Ziel einer Lagerwirtschaft ist vor allem
(1) die Sicherung des Produktionsprozesses vor Unterbrechungen und
(2) die Erhaltung der Lieferfähigkeit bei Fertigerzeugnissen im Rahmen des Absatzes.

Dazu bedarf es einer Planung und Kontrolle der *Lagerbestände* und der *Lagerbewegungen*.

a) Ermittlung von Lagerbeständen

Die Bestände an Produktionsfaktoren und an Fertigerzeugnissen binden Kapital, müssen also finanziert werden und verursachen Kosten. Außerdem trägt das Unternehmen das *Lagerrisiko*, bestehend in der Gefahr der Verschlechterung, des Untergangs und der späteren eventuellen Nichtverwertbarkeit für die Produktion. Aus dieser Sicht heraus müsste das Unternehmen einen möglichst geringen Lagerbestand anstreben. Dies erhöht aber die Anfälligkeit bei Lieferstockungen usw., mit der Gefahr des Produktionsstillstandes.

Bezeichnung	*Beschreibung*
Durchschnittlicher Lagerbestand	$= \dfrac{\text{Anfangsbestand} + \text{Endbestand}}{2}$
	$= \dfrac{\text{Jahresanfangsbestand} + 12 \text{ Monatsendbestände}}{13}$
	$= \dfrac{\text{Jahresanfangsbestand} + 52 \text{ Wochenendbestände}}{53}$
	Kennzahlentyp: A 2 a (Grundformel)
	Weitere Varianten möglich und auch gebräuchlich!
	Zähler, Nenner: Wert oder alternativ Mengengrößen verwendbar; inhaltlicher Bezug; alternativ Einzelgegenstände oder aggregierte Gegenstände (z.B. Rohstoffe, Vorräte, Wertpapiere).
	Information: Durchschnittlich vorhandener Bestand, meist bezogen auf ein Jahr, in einer Wert- oder Mengengröße.

Eiserner Bestand *(= Mindestbestand)*	= Durchschnittlicher Tagesbedarf (mengenmäßig) x Beschaffungsdauer in Tagen $$= \frac{\text{Durchschnitt-licher Tages-bedarf (mengenmäßig)}} {} \times \frac{\text{Beschaffungs-dauer in Tagen x 1}}{} + \frac{\text{Sicher-heits-zuschlag}}{100} \%$$ *Kennzahlentyp*: A 1 Weitere Varianten gebräuchlich! *Information*: Mengenmäßiger Mindestbestand bei dessen Erreichen spätestens eine Ersatzbeschaffung notwendig ist.
Meldebestand *(= Bestellpunkt)*	= Eiserner Bestand + (Durchschnittsverbrauch pro Tag x Beschaffungsdauer in Tagen) = 2 x Eiserner Bestand *Kennzahlentyp*: A 1 *Information*: Bestand, an dem eine Ersatzbeschaffung notwendig ist und zwar ohne Rückgriff auf den eisernen Bestand.
Optimaler Lagerbestand	*Obergrenze*: = Eiserner Bestand + optimale Bestellmenge *Untergrenze*: = Eiserner Bestand *Kennzahlentyp*: A 1 *Information*: Kostenoptimaler Lagerbestand in einer Mengengröße
Lagerreichweite in Tagen	$= \dfrac{\text{durchschnittlicher Lagerbestand}}{\text{durchschnittlicher Bedarf pro Tag}}$ *Kennzahlentyp*: B 1 c (Grundformel) *Zähler*, *Nenner*: Mengengrößen, alternativ Wertgrößen *Information*: Zeitraum, an dessen Ende das Lager vollständig abgebaut ist.
Lagerstruktur *– Lagerbestand in %* *des Umsatzes usw.*	$= \dfrac{\text{Lagerbestand x 100}}{\text{Umsatz}} \%$ *Kennzahlentyp*: B 2 c (Grundformel) *Zähler*: Neben dem Wert des gesamten Lagers sind alternativ auch Teilgrößen verwendbar z.B. Rohstoffe, Fertigerzeugnisse

	Nenner: Statt des angegebenen Nenners können alternativ Positionen der Bilanz eingesetzt werden; u.a. Umlaufvermögen, Verbindlichkeiten aus Lieferungen und Leistungen; Betriebsvermögen oder Auftragsbestand
– Prozentanteil von Waren usw. am Lagerbestand	$= \dfrac{\text{Warenart} \ldots \times 100}{\text{Lagerbestand}}\ \%$ *Kennzahlentyp:* C 2 a *Zähler:* Statt der einzelnen Warenart kommen auch andere Einteilungskriterien in Betracht z.B. Bilanzgliederung, altersmäßige Zusammensetzung, Lagerfähigkeit, Verkäuflichkeit, Abhängigkeit von der Mode *Nenner:* Entsprechend der Systematik des Zählers können sowohl der gesamte Lagerbestand als auch alternativ Teilgrößen herangezogen werden *Information:* Prozentanteil einzelner Teile des Lagers am gesamten Lagerbestand.
– pro Kopf	$= \dfrac{\text{Lagerbestand}}{\text{beschäftigte Personen}}$ *Kennzahlentyp:* B 4 a *Zähler:* Anstelle des gesamten Lagerbestandes können alternativ nach sachlichen Gesichtspunkten (z.B. Rohstoffe; Fertigungserzeugnisse) und/oder räumlichen Gesichtspunkten (z.B. nach Bereichen) ermittelte wert- oder alternativ mengenmäßige Teilgrößen eingesetzt werden *Information:* Lagerbestand pro Kopf in einer Wert- oder Mengengröße.

Diese Risiken sollen mit der Fixierung von eisernen Beständen, Melde- und optimalen Lagerbeständen und der Ermittlung von Lagerreichweiten abgedeckt werden.

Durch die Aufteilung der Lagerbestände im Verhältnis zum Umsatz, zu den einzelnen Warenarten und pro Kopf der bei der Lagerhaltung beschäftigten Personen lassen sich Einblicke in die Struktur des Lagers gewinnen.

b) Ermittlung von Lagerbewegungen

Zur Senkung der Kapitalbindung, damit der Finanzierungs- und Lagerkosten, trägt ein möglichst hoher *Lagerumschlag* bei. Das Unternehmen kann diese Entwicklung durch die Ermittlung von *Umschlagshäufigkeiten* planen und kontrollieren. Die Umrechnung in eine konkrete Umschlagsdauer oder *Lagerdauer in Tagen* verdeutlicht die Zusammenhänge: Je kürzer die Lagerdauer, desto geringer die Kosten (beachte aber die geschilderten Risiken u.a. bei Produktionsunterbrechungen). Die Aufteilung des Lagerbestandes in einzelne Waren- bzw. Artikelarten oder räumliche Bereiche, z.B. Lagerarten, vermeidet u.U. aussagelose Durchschnittswerte.

Bezeichnung	Beschreibung
Umschlagshäufigkeit *(= Lagerumschlag)*	$= \dfrac{\text{Abgang}}{\text{Bestand}}$ oder $= \dfrac{\text{Verbrauch in der Periode}}{\text{durchschnittlicher Lagerbestand}}$ oder $= \dfrac{\text{Umsatz zu Einstandspreisen (Verkaufs-)}}{\text{Lagerbestand zu Einstandspreisen (Verkaufs-)}}$ *Kennzahlentyp*: B 2 d (Grundformel) Weitere Varianten sind möglich und auch gebräuchlich! *Zähler*: Wert- oder alternativ Mengengröße, Aufgliederung nach verschiedenen Merkmalen, z.B., Warenarten, möglich *Nenner*: Wert oder alternativ Mengengröße, Aufgliederung analog dem Zähler *Information*: Umschlag des gesamten Lagers oder eines Teils in einem bestimmten Zeitraum.
Umschlagsdauer *(= Lagerdauer in Tagen)*	$= \dfrac{\text{Zahl der Tage des Rechnungszeitraumes}}{\text{Umschlagshäufigkeit (im Rechnungszeitraum)}}$ $= \dfrac{\text{durchschnittlicher Lagerbestand x ... Tage}}{\text{Lagerabgang (Umsatz) in Tagen}}$ *Kennzahlentyp*: E 1 *Zähler, Nenner*: Bezug auf den gleichen Zeitraum bzw. die gleiche Anzahl von Tagen, siehe auch Umschlagshäufigkeit *Information*: durchschnittliche Lagerdauer von Waren usw. in Tagen.

Literaturhinweise

Radke, M., Die große Betriebswirtschaftliche Formelsammlung, 11. Aufl., Landsberg 2001, S. 294 ff.
Schott, G., Kennzahlen, Instrument der Unternehmensführung, 6. Aufl., Wiesbaden 1991, S. 109 ff.

3. Kennzahlen aus dem Bereich der Produktion

Unter Produktion (synonym auch Fertigung) wird allgemein der eigentliche *Prozess der Leistungserstellung* verstanden. Die Darstellung beschränkt sich auf den Industriebetrieb (Herstellung von Sachgütern).

a) Einsatz von Produktionsfaktoren

Neben der Kontrolle durch Kennzahlen verfügt die Unternehmensleitung durch den Aufbau eines Kostenrechnungs-Systems (Budget- bzw. Plankostenrechnung), vor allem durch die Kostenstellenrechnung über ein informatives Instrument, die Entwicklung der Kosten bzw. den Einsatz der Produktionsfaktoren detailliert in den einzelnen Bereichen der Produktion zu planen und zu kontrollieren.

Zusätzliche interne und durch die Kostenrechnung nicht abdeckbare Informationen können spezifische Kennzahlen liefern, wenn sie arbeitsplatz- und/oder produktbezogen erstellt werden. In Frage kommen hier z.B. *Verbrauchsquoten*, bei denen wichtige und hohe Verbrauche in Beziehung zum verursachenden Faktor gesetzt werden. Im Hinblick auf den *optimalen Einsatz* der Produktionsfaktoren gewinnen die Informationen über den Ausschuss, bei dem neben dem Material auch die bisher angefallenen Löhne und Aufwendungen für Arbeitsmittel verloren sind, besondere Bedeutung. Die in der Regel ständig zunehmende *Mechanisierung bzw. Automatisierung* lässt sich durch entsprechende Kennzahlenbildung verfolgen.

Bezeichnung	*Beschreibung*
Werkzeug-verbrauchsquote	$= \dfrac{\text{Werkzeugverbrauch}}{\text{Fertigungsstunden}}$
	Kennzahlentyp: B 4 b (Grundformel)
	Zähler: Wertmäßig, alternativ: Mengenmäßig; Differenzierung räumlich und sachlich in Bereiche usw. zweckmäßig
	Information: Werkzeugverbrauch je Fertigungsstunde.

Energie-verbrauchsquote	$= \dfrac{\text{Energieverbrauch}}{\text{Fertigungsstunden}}$ *Kennzahlentyp*: B 4 b (Grundformel) *Zähler*: Wertgröße, alternativ: Mengengröße; sachliche und räumliche Differenzierung zweckmäßig *Information*: Energieverbrauch je Fertigungsstunde.
Optimale Losgröße	$= \sqrt{\dfrac{\text{losgrößenfixe Kosten} \times \dfrac{\text{Bedarfsmenge}}{\text{pro Planperiode}} \times 200}{\text{proportionale Stückkosten} \times \dfrac{\text{Zins - und Lager - kostensatz bezogen auf Planperiode}}{}}}$ *Kennzahlentyp*: E 1 In der Literatur finden sich noch viele ähnlich aufgebaute Formeln mit demselben Aussageziel! *Information*: Kostenoptimale Losgröße in Mengeneinheiten.
Mindest-Losgröße	$= \dfrac{\text{absolut fixe Auftragskosten}}{\text{Verkaufspreis/Stück - Einzelkosten/Stück}}$ *Kennzahlentyp*: E 2 *Nenner*: Verkaufspreis netto, ohne MwSt; neben den Einzelkosten/Stück kann zusätzlich auch der geplante Stückgewinn abgesetzt werden. *Information*: Losgröße in Stück, die gerade noch zur Deckung der Kosten ausreicht.
Ausschussquote	$= \dfrac{\text{Ausschuss} \times 100}{\text{gesamte Produktion}}$ % *Kennzahlentyp*: C 1 b (Grundformel) *Zähler*: Ausschuss in Stück, kg, t usw.; alternativ: wertmäßig *Nenner*: Ausgebrachte Menge in Stück, kg, t usw.; (teilweise wird auch nur die mängelfreie Produktion eingesetzt); alternativ: wertmäßig *Information*: Prozentualer Anteil des Ausschusses an der gesamten Produktion bzw. der mängelfreien.

Ausschussstruktur	$= \dfrac{\text{Ausschuss durch} \ldots \times 100}{\text{gesamter Ausschuss}}$ %

Kennzahlentyp: C 1 b (Grundformel)

Zähler: Mengenmäßiger, alternativ: Wertmäßiger Ausschuss durch z.B. Material-, Arbeits-, Betriebsmittel-, Konstruktionsfehler usw.

Nenner: Gesamter mengenmäßiger, alternativ: Wertmäßiger Ausschuss

Information: Prozentualer Anteil der einzelnen Ausschussursachen am gesamten Ausschuss.

Materialabfall	$= \dfrac{\text{Abfallmenge} \times 100}{\text{Materialeinsatzmenge}}$ %

Kennzahlentyp: C 1 b

Information: Abfallmenge in Prozent der Materialeinsatzmenge.

Mechanisierungsgrad (Automatisierungs-)	$= \dfrac{\text{Wert der Maschinen und maschinellen Anlagen in der Fertigung}}{\text{Fertigungslöhne}}$

Kennzahlentyp: B 2 c

In der Literatur findet sich noch eine Anzahl ähnlich aufgebauter Kennzahlen!

Information: Verhältnis Fabrikationsmaschinen zu Fertigungslöhnen.

b) Kapazität und Beschäftigung

Die steigende *Automatisierung* verursacht hohe fixe Kosten, und damit stellt sich für viele Unternehmen auch das Problem der *Kapazitätsauslastung*. Bei ihrem Sinken kommt das Unternehmen schnell in die Verlustzone. Dem Aufbau der Kapazitäten durch die Investitionsplanung und die Kontrolle ihrer Auslastung im Rahmen des Funktionsbereiches Produktion ist daher erhöhte Aufmerksamkeit zu schenken.

Bei der Ermittlung der Kapazität bzw. des *Beschäftigungsgrades* ergeben sich erhebliche Probleme. Dies gilt vor allem, wenn diese für das Unternehmen als ganzes ermittelt werden sollen. Die Heterogenität der einzelnen Abteilungen, die unterschiedlichen Kapazitäten bilden dann die Probleme. Je größer das Unternehmen, je mehr verschiedene Produktgruppen bestehen, desto größer sind die Schwierigkeiten der Darstellung einer einheitlichen Kapazitätsauslastung. Die *Engpasskapazität* bestimmt dann die Maximalkapazität.

Bezeichnung	Beschreibung
Kapazitätsauslastungsgrad	$= \dfrac{\text{Ist - Erzeugung} \times 100}{\text{Kapazität}}$ % oder $= \dfrac{\text{effektive Ausbringungsmenge} \times 100}{\text{bestmögliche Ausbringungsmenge}}$ % oder $= \dfrac{\text{Produktionsstunden} \times 100}{\text{Kapazitätsstunden}}$ % *Kennzahlentyp*: C 1 b (Grundformel) *Zähler und Nenner* ausdrückbar als Mengen- oder alternativ als Wertgrößen oder in Rechnungseinheiten *Information*: Angabe der effektiven Ausnutzung von Produktionsfaktoren, insbesondere Betriebsmittel, in Prozenten der an sich möglichen (maximalen, normalen, kostenoptimalen) Ausnutzung.
Beschäftigungsgrad	$= \dfrac{\text{effektive Beschäftigung} \ldots \times 100}{\text{Basisbeschäftigung}}$ % *Kennzahlentyp*: C 1 b (Grundformel) *Zähler*: Tatsächliche Beschäftigung, meist in Arbeitsstunden *Nenner*: Als Basisbeschäftigung kann eingesetzt werden: durchschnittliche, normale, maximale, kostenmäßig optimale oder erfolgsmäßig optimale Beschäftigung, Planbeschäftigung, meist in Arbeitsstunden *Information*: Angabe der tatsächlichen Beschäftigung in Prozenten der Basisbeschäftigung *Anmerkung*: Kapazitäts- und Beschäftigungsgrad werden in der Betriebswirtschaftslehre teilweise synonym, teilweise mit unterschiedlichem Begriffsinhalt (vgl. Industriebetriebslehre, Plankostenrechnung) gebraucht. In der Industriebetriebslehre wird der Kapazitätsausnutzungsgrad auf die Betriebsmittel, der Beschäftigungsgrad auf die Arbeitskräfte bezogen. Die Verbindung zwischen beiden stellt der Leistungsgrad (siehe unten) her.

c) Produktivität, Wirtschaftlichkeit, Wertschöpfung

Mit dieser Kennzahlengruppe soll vor allem das Verhältnis zwischen den eingesetzten Produktionsfaktoren und den Ergebnissen des Prozesses der Leistungserstellung aufgezeigt werden.

Die *Produktivität* als mengenmäßige Relation ist als Gesamtproduktivität nicht zu ermitteln, weil eine mengenbezogene Addition der eingesetzten Faktoren zu keinen sinnvollen Ergebnissen führt. Deshalb werden in der Praxis sog. Teilproduktivitäten in verschiedenen Ausprägungsformen verwendet.

In der betriebswirtschaftlichen Literatur wird die *Wirtschaftlichkeit* nicht einheitlich definiert. Der hier verwendete Begriff setzt Wirtschaftlichkeit als innerbetriebliche Kennzahl, die nicht durch Einflussfaktoren aus dem Absatzmarkt, z.B. durch Erträge, beeinflusst ist. In dieser Form deckt sich der Informationsgehalt mit dem der *Plankostenrechnung*. Insoweit kann diese als dreiteiliges Instrument (Kostenarten-, Kostenstellen-, Kostenträgerrechnung) zur Kontrolle der Wirtschaftlichkeit bezeichnet werden.

Unter *Wertschöpfung* wird der Beitrag eines Unternehmens zum Volkseinkommen verstanden. Damit lässt sich die Bedeutung eines Unternehmens für die Volkswirtschaft zeitpunktbezogen und die Entwicklung im Zeitvergleich aufzeigen. Vor allem die Verteilungsrechnung gibt Aufschluss, wohin die Wertschöpfung des Unternehmens geflossen ist.

Bezeichnung	*Beschreibung*
Leistungsgrad	$= \dfrac{\text{Ist - Zeit} \ldots \times 100}{\text{Soll - Zeit}}$ % oder $= \dfrac{\text{Beobachtete Leistung} \times 100}{\text{Normalleistung}}$ % oder $= \dfrac{\text{Kapazitätsausnutzungsgrad} \times 100}{\text{Beschäftigungsgrad}}$ % *Kennzahlentyp*: B 1 b In der Literatur finden sich noch zahlreiche ähnliche Formeln. *Information*: Prozentuales Verhältnis zwischen der effektiven Leistung (Zeit) und der üblichen oder vorgegebenen Leistung (Zeit).

Produktivität (Gesamt-) (= Ausbringungsgrad)	$= \dfrac{\text{Ertrags - (Ausbringungs-)menge}}{\text{Einsatzmenge}}$ *Kennzahlentyp*: B 1 b *Zähler*: Menge des Ertrags in Stück, kg usw. (= Produktionsleistung) *Nenner*: Mengenmäßiger Einsatz an Produktionsfaktoren, wegen der Berechnungsprobleme werden sog. Teilproduktivitäten ermittelt. *Information*: Verhältnis zwischen Ertrags (Ausbringungs-)menge und Einsatzmenge.
Produktivität der Arbeit usw. (Teilproduktivität)	$= \dfrac{\text{Ertragsmenge}}{\text{Arbeitseinsatz in Stunden}}$ *Kennzahlentyp*: B 1 b In der Literatur finden sich noch zahlreiche andere, aber ähnliche, Formeln. *Zähler*: Anstelle der gesamten Ertragsmenge ist alternativ auch eine Teilertragsmenge ansetzbar. *Nenner*: Anstelle des Arbeitseinsatzes können alternativ andere Faktoreinsatzmengen verwandt werden: z.B. Material, Energie, Maschinenzahl, -stunden. *Information*: Faktor, der das Verhältnis zwischen der Ertragsmenge und der Einsatzmenge im gesamten oder eines Teiles davon angibt.
Produktionsstruktur	$= \dfrac{\text{Produktion Erzeugnis} \ldots \times 100}{\text{gesamte Produktion}}$ % *Kennzahlentyp*: C 2 b (Grundformel). *Zähler*: Angabe der einzelnen Erzeugnisarten; andere Systematisierungsgesichtspunkte z.B. Auftraggeber, Inland Ausland, als Wert- oder alternativ (selten) als Mengengröße verwendbar. *Nenner*: Ansatz als Wert- oder alternativ (selten) als Mengengröße. *Information*: Prozentanteil des einzelnen Erzeugnisses usw. an der gesamten Produktion.
Wirtschaftlichkeit	bei gegebener Produktion: $= \dfrac{\text{Ist - Kosten (-Aufwand)}}{\text{Soll - Kosten (-Aufwand)}}$ *Kennzahlentyp*: B 2 b *Zähler*: Tatsächlich angefallene Kosten bzw. Aufwand

VI. AUSGEWÄHLTE KENNZAHLEN 105

	Nenner: Soll-Kosten (-Aufwand) als »optimale« Kosten oder bei gegebenem Aufwand: *Kennzahlentyp*: B 1 b *Zähler*: Mengenmäßige »optimale« Produktion *Nenner*: Tatsächliche Produktionsmenge In der betriebswirtschaftlichen Literatur wird der Begriff »Wirtschaftlichkeit« mit erheblichen inhaltlichen Unterschieden verwendet. *Information*: Ermittlung eines Faktors zur Messung der Wirtschaftlich- $$= \frac{\text{Soll - Produktionsleistung}}{\text{Ist - Produktionsleistung}}$$ keit von Produktionsprozessen; Faktor $\leq 1,0$ = wirtschaftliche Arbeitsweise, Faktor $> 1,0$ = unwirtschaftliche Arbeitsweise.

Wertschöpfung	*nach der Entstehungsrechnung:*
	 = Produktionswert – Vorleistungen
	 Kennzahlentyp: A 2 b
	
	 Produktionswert = Gesamtleistung
	                                = Umsatzerlöse
	                                + aktivierte Eigenleistungen
	                                +/- Bestandveränderungen an fertigen und unfertigen Erzeugnissen
	
	 Vorleistungen = Bezogene Waren, Dienstleistungen; Abschreibungen usw.
	
	 nach der Verteilungsrechnung:
	 = Summe aus
	      Personalaufwand
	 + Steuern
	 + Zinsen und ähnliche Aufwendungen
	 + Aufsichtsratsvergütungen
	 + Jahresüberschuss
	 Kennzahlentyp: A 2 b
	 Information: Beitrag des Betriebes zum Volkseinkommen; Maßstab der Leistungskraft eines Betriebes.

Wertschöpfungsquote	$$= \frac{\text{Wertschöpfung}}{\text{Gesamtleistung}}$$ *Kennzahlentyp*: B 2 b

> *Nenner*:
> Gesamtleistung = Umsatzerlöse
> +/– Bestandveränderungen unfertige/fertige Erzeugnisse
> + andere aktivierte Eigenleistungen
>
> s. dazu § 275 Abs. 2 HGB, statt Gesamtleistung können alternativ andere Größen eingesetzt werden z.b. Vorleistungen, Umsatz.
>
> *Information*: Verhältnis zwischen Wertschöpfung und Gesamtleistung zur Messung der Leistungskraft und Messung von Konzentrationsverflechtungen.

d) Forschung und Entwicklung

Die Aufwendungen für Forschung und Entwicklung eines Unternehmens spiegeln die Bedeutung, sich den Herausforderungen des technischen Fortschritts durch die Entwicklung neuer Produkte zu stellen, wider. Es handelt sich um »Zukunfts-Investitionen«, die die Marktstellung erhalten bzw. verbessern sollen. Unternehmensintern lassen sich die Kosten auf die einzelnen Produktbereiche oder -segmente aufteilen. Damit können die Schwerpunkte der Innovationspolitik auch durch Kennzahlen verdeutlicht werden.

Bezeichnung	*Beschreibung*
Entwicklungskostenanteil, Forschungsquote	$= \dfrac{\text{Kosten für Entwicklung und Forschung} \times 100}{\text{Umsatzerlöse}}\ \%$ *Kennzahlentyp*: B 2 b *Zähler* und *Nenner*: Können variiert und in Segmente aufgeteilt werden, z.B. Produkt-, Produktgruppenbezogen. *Information*: Prozentualer Anteil der Kosten für Forschung und Entwicklung am Umsatz.
Struktur der Entwicklungskosten	$= \dfrac{\text{Kosten für} \ldots \times 100}{\text{Gesamtkosten für Entwicklung und Forschung}}\ \%$ *Kennzahlentyp*: C 2 b *Zähler*: Eingesetzt werden können z.B. die einzelnen Kostenarten, Produkte, Bereiche usw. *Information*: Prozentualer Anteil der einzelnen Kostenarten usw. an den Gesamtkosten für Forschung und Entwicklung.

Literaturhinweise

Radke, M., Die große Betriebswirtschaftliche Formelsammlung, 11. Aufl., Landsberg 2001, S. 420 ff.
Scharnbacher, Statistik im Betrieb, 14. Aufl., Wiesbaden 2004, S. 243 ff.
Schott, G., Kennzahlen, Instrument der Unternehmensführung, 6. Aufl., Wiesbaden 1991, S. 56 ff.

4. Kennzahlen aus dem Bereich des Absatzes

In der betriebswirtschaftlichen Theorie, in fast allen Lehrbüchern und auch hier wird die *Funktion Absatz* nach dem Güterdurchlauf und damit nach den Funktionen Beschaffung und Produktion dargestellt. In der Praxis wird jedoch das Unternehmen regelmäßig vom Markt her geführt. Die Funktion Absatz als der Prozess der Leistungsverwertung bildet in dem Gesamtprozess der Planung und der Kontrolle den *Ausgangspunkt* der Überlegungen (siehe dazu auch den Inhalt des Begriffes Marketing). Die übrigen Funktionsbereiche haben sich am Absatz zu orientieren und sind mit ihm abzustimmen. Bei *Engpässen* in einem oder mehreren Funktionsbereichen ist die gesamte Planung neu durchzuziehen und auf den Engpass auszurichten (Dominanz des Engpasssektors).

a) Preis und Preisentwicklung

Die *Ermittlung der Preise* von der Kostenseite her erfolgt im Rahmen der Kostenrechnung als Kalkulation oder Kostenträgerstückrechnung. Meist dient jedoch die Kostenrechnung nicht der Preisfestsetzung, sondern als Kontrollinstrument, ob der am Markt erzielbare Preis auch die Kosten deckt und welche Gewinne erzielt werden. Hinsichtlich der Schemata zur Ermittlung des Kalkulationspreises sei auch auf die einschlägige Literatur zur Kostenrechnung verwiesen.

Die Kennzahlenrechnung kann Informationen über die *Preisentwicklung* als Indices liefern. Die *Preiselastizität* der Nachfrage ist in vielen Fällen nur schwer zu ermitteln, wäre aber für die Gestaltung der Preispolitik als Mengenregulator des Unternehmens wichtig. *Preisnachlassquote* und *Preisnachlassstruktur* ermöglichen die Kontrolle und Planung zielgerechter Preisnachlässe.

VI. AUSGEWÄHLTE KENNZAHLEN

Bezeichnung	Beschreibung

Selbstkostenpreis (Industrie)	*bei Massenfertigung (= einfache Divisionskalkulation):*
	
	 $= \dfrac{\text{Kosten der Produktion}}{\text{produzierte Menge}}$
	
	 Kennzahlentyp: B 4 b
	
	 bei Einzelfertigung (= Zuschlagskalkulation):
	
	     Fertigungsmaterial
	 + Materialgemeinkosten
	 = Materialkosten
	
	     Fertigungslöhne
	 + Fertigungsgemeinkosten
	 + Sondereinzelkosten der Fertigung
	 = Fertigungskosten
	
	 = Herstellkosten (= Material- + Fertigungskosten)
	 + Verwaltungsgemeinkosten
	 + Vertriebsgemeinkosten
	 + Sondereinzelkosten des Vertriebs
	
	 = Selbstkostenpreis
	
	 Kennzahlentyp: A 2 b
	
	 Information: Preis, bei dem sämtliche Kosten gedeckt sind.

Verkaufspreis (kalkulierter)	Selbstkostenpreis + ... % Gewinnzuschlag = Bar-(Netto-)Verkaufspreis + ...% Skonto (i.H.) = Ziel-Verkaufspreis + ...% Rabatt (i.H.) = Brutto-Verkaufspreis Kennzahlentyp: A 2 b *Information*: Kalkulationspreis, der neben den Kosten den Gewinn und die Preisnachlässe deckt.
Preisnachlassquote	$= \dfrac{\text{Preisnachlässe} \times 100}{\text{Umsatzerlöse}}$ % Kennzahlentyp: C 2 b

VI. AUSGEWÄHLTE KENNZAHLEN

	Zähler: Preisnachlässe umfassen: Skonti, Rabatte, Boni; gesamte Erfassung oder nach Arten möglich
	Nenner: Umsatzerlöse vor Preisnachlässen und ohne MWSt
	Information: Prozentualer Anteil tatsächlich gewährter Preisnachlässe an den Umsatzerlösen.
Preisnachlassstruktur	$= \dfrac{\text{Preisnachlass wegen (für)} \ldots \times 100}{\text{gesamte Preisnachlässe}}\ \%$
	Kennzahlentyp: C 2 b
	Zähler: Aufteilung nach bestimmten Kriterien, z.B. Ursachen, Erzeugnisse, Absatzbezirke, Auftragsgrößen usw.
	Information: Prozentualer Anteil der einzelnen Preisnachlassarten an der Gesamtsumme der Preisnachlässe.
Preisindex	$= \dfrac{\text{Preis im Ermittlungszeitpunkt} \times 100}{\text{Preis im Basiszeitpunkt}}\ \%$
	Kennzahlentyp: B 2 a
	Information: Preisveränderung zwischen Basis- und Ermittlungszeitpunkt in Prozenten des Preises im Basiszeitpunkt.
Preiselastizität (Absatzelastizität, Elastizitätskoeffizient)	$= \dfrac{\text{prozentuale Mengenänderung}}{\text{prozentuale Preisänderung}}$
	Kennzahlentyp: B 3 a
	Information:
	Preiselastizität der Nachfrage > 1 = elastische Nachfrage, d.h. bei Preiserhöhungen prozentuale Mengenänderung (= Rückgang) größer als prozentuale Preisänderung (= Erhöhung)
	Preiselastizität der Nachfrage < 1 = unelastische Nachfrage, d.h. bei Preiserhöhungen prozentuale Mengenänderung (= Rückgang) geringer als prozentuale Preisänderung (= Erhöhung).

b) Angebots- und Auftragsverhältnisse

In manchen Branchen werden Aufträge nur nach vorhergehendem Angebot erteilt. Zur *Kontrolle der Angebote* und der erzielten bzw. nicht erzielten Aufträge sind Kennzahlen erforderlich. Bei der Auswertung der Kennzahlen können die Ursachen von Ablehnungen usw. erkannt und in den Dienst der Unternehmenspolitik gestellt werden.

Der *Auftragseingang und -bestand* ist Ausgangspunkt für die gesamte künftige Planung und Entwicklung in allen Bereichen des Unternehmens. Die rechtzeitige und genaue Kenntnis der Daten erlaubt eine Anpassung an veränderte Marktverhältnisse durch die Korrektur von Planungen.

Bezeichnung	*Beschreibung*
Angebotserfolg	$= \dfrac{\text{erteilte Aufträge} \times 100}{\text{abgegebene Angebote}}$ % *Kennzahlentyp*: B 1 b *Information*: Ermittlung der erfolgreichen Angebote in Prozent der abgegebenen Angebote.
Angebotsstruktur	$= \dfrac{\text{Angebotsabgabe aufgrund von} \ldots \times 100}{\text{Gesamtzahl der abgegebenen Angebote}}$ % *Kennzahlentyp*: C 1 b *Zähler*: Aufzuführen sind die einzelnen Ursachen, z.B. Anfragen, Messen, Anzeigen. Anstelle der Ursachen können auch Erzeugnisse oder Abnehmergruppen eingesetzt werden. *Information*: Prozentualer Anteil der einzelnen Angebotsarten an der Gesamtzahl der Angebote.
Quotienten zum Auftragseingang	$= \dfrac{\text{Auftragseingang}}{\text{Bezugsmerkmal}}$ *Kennzahlentyp*: B 2 b (Grundformel) *Zähler*: Auftragseingang in €, alternativ (selten) in Mengen *Nenner:* Als Bezugsmerkmale werden die Umsatzerlöse (ohne MWSt) angesetzt, alternativ auch durchschnittlicher Auftragsbestand, Fertigerzeugnisse, Einwohnerzahl im Absatzraum, Anzahl der Kunden, Anzahl der Aufträge, Arbeitstage pro Monat usw. *Information*: Auftragseingang während einer bestimmten Periode im Verhältnis zu einzelnen Bezugsmerkmalen.

Auftragseingangs-struktur	$= \dfrac{\text{Auftragseingang nach} \ldots \times 100}{\text{Gesamtauftragseingang}}\ \%$
	Kennzahlentyp: C 2 b (Grundformel)
	Zähler: Es kann der Wert oder alternativ die Menge eingesetzt werden. Als Unterscheidungsmerkmale kommen in Betracht: Ursachen, Absatzwege, Erzeugnisse, Absatzräume, Auftragsgrößen
	Nenner: Entsprechend dem Zähler ist der Wert oder alternativ die Menge auszubringen.
	Information: Anteil der einzelnen Arten von Auftragseingängen in Prozenten des gesamten Auftragseingangs.
Auftragsbestands-struktur	$= \dfrac{\text{Auftragsbestand nach} \ldots \times 100}{\text{Gesamtauftragsbestand}}\ \%$
	Kennzahlentyp: C 2 b (Grundformel)
	Die Angaben zur Auftragseingangsstruktur gelten sinngemäß auch für die Auftragsbestandsstruktur.
Auftragsbestands-entwicklung (-index)	$= \dfrac{\text{Auftragsbestand zum Ermittlungszeitpunkt} \times 100}{\text{Auftragsbestand zum Basiszeitpunkt}}\ \%$
	Kennzahlentyp: B 2 a (Grundformel)
	Zähler: Ermittlung des Auftragsbestandes auf einen gegenüber dem Zähler zeitlich zurückliegenden Stichtag (Basisbestand)
	Nenner: Ermittlung des wertmäßigen (selten mengenmäßigen) Auftragsbestandes auf einen bestimmten Stichtag
	Information: Prozentuale Veränderung des Auftragsbestandes zwischen zwei Zeitpunkten bezogen auf den Basisbestand.

c) Umsatz und Umsatzbeurteilung

Die sich rasch in der Struktur wandelnden *Absatzmärkte* verlangen von den Unternehmen eine ständige Kontrolle und rasche Anpassung an veränderte Bedingungen. Diese lassen sich nur durch gezielte Informationsbeschaffung und -auswertung erreichen. Dazu gehört die *Zusammensetzung und Entwicklung des Umsatzes* (vgl. dazu auch die Berichtspflicht für Kapitalgesellschaften über dessen geographische und sachliche Verteilung im Anhang, § 285 Nr. 4 HGB sowie die Segmentberichterstattung nach § 297 Abs. 1 HGB im Konzernabschluss), der Kunden und der Beanstandungen eigener Lieferungen.

Bezeichnung	Beschreibung
Umsatzstruktur	$= \dfrac{\text{Umsatzerlöse} \ldots \times 100}{\text{gesamte Umsatzerlöse}}$ % *Kennzahlentyp*: C 2 b *Zähler*: Teile des Umsatzes nach bestimmten Systematisierungsgesichtspunkten, z.B. Erzeugnisse, Absatzwege, Kundengruppen, Auftragsgrößen, Absatzbezirke, Herkunft der verkauften Erzeugnisse, Zahlungsarten usw. *Nenner*: Umsatz i.S.v. § 277 Abs. 1 HGB, s. auch § 285 Satz 1 Nr. 4 HGB *Information*: Prozentualer Anteil des einzelnen Teilumsatzes am Gesamtumsatz.
Umsatzentwicklung (-index)	$= \dfrac{\text{Umsatzerlöse im Ermittlungszeitraum} \times 100}{\text{Umsatzerlöse im Basiszeitraum}}$ % *Kennzahlentyp*: B 2 b *Zähler* und *Nenner* können sowohl auf den Gesamtumsatz als auch auf Teilgrößen (siehe Umsatzstruktur) bezogen werden *Information*: Umsatzveränderung zwischen zwei Zeiträumen in Prozenten der Umsatzerlöse im Basiszeitraum.
Mindestumsatz (= Gewinnpunkt, toter Punkt, Nutzenschwelle, break-even-point, kritischer Punkt)	*mengenmäßig:* $= \dfrac{\text{fixe Gesamtkosten}}{\text{Deckungsbeitrag/Stück}}$ Deckungsbeitrag/Stück = Verkaufspreis/Stück − proportionale Kosten/Stück *Kennzahlentyp*: B 2 b *wertmäßig:* Deckungsquote/Stück $= \dfrac{\text{fixe Gesamtkosten}}{\text{Deckungsquote/Stück}}$ *Kennzahlentyp*: B 2 b $= \dfrac{\text{Verkaufspreis} - \text{proportionale Kosten/Stück}}{\text{Verkaufspreis/Stück}}$

VI. AUSGEWÄHLTE KENNZAHLEN 113

	Kennzahlentyp: B 2 b *Zähler und Nenner:* Statt der Kosten kann auch Aufwand eingefügt werden. *Information:* Mengen- bzw. wertmäßiger Umsatz zur Deckung der fixen und variablen Kosten (Aufwendungen), d.h. kein Gewinn oder Verlust.
Kundenentwicklung	$= \dfrac{\text{Kundenzahl im Ermittlungszeitpunkt} \times 100}{\text{Kundenzahl im Basiszeitpunkt (-index)}} \%$ *Kennzahlentyp:* B 1 a *Information:* Kundenveränderung zwischen den beiden Zeitpunkten in Prozenten der Kundenanzahl des Basiszeitpunktes.
Kundenstruktur	$= \dfrac{\text{Anzahl der Kunden mit} \ldots \times 100}{\text{Gesamtzahl der Kunden}} \%$ *Kennzahlentyp:* C 1 a *Zähler:* Als Kriterien können gewählt werden: Kundengruppen, Umsatzgruppen, Zahl der Bestellungen, Zahlungsarten, Artikel usw. *Nenner:* Gesamtzahl lt. Kundenkartei oder Zahl der Kunden mit Bestellungen *Information:* Prozentualer Anteil der einzelnen Kundengruppen an der Gesamtzahl der Kunden oder $= \dfrac{\text{Umsatz der Kunden in der Umsatzgruppe} \ldots \times 100}{\text{gesamte Umsatzerlöse}} \%$ *Kennzahlentyp:* C 2 b *Zähler:* Einteilung der Kunden in Gruppen z.B. Umsatz bis 1000 €, Umsatz über 1000 bis 5000 € usw. *Nenner:* Umsatz i.S.v. § 277 Abs. 1 HGB *Information:* Prozentualer Anteil der Kunden am Gesamtumsatz ermittelt nach Umsatzgruppen
Beanstandungsquote	$= \dfrac{\text{Wert der beanstandeten Lieferungen} \times 100}{\text{Wert der gesamten Lieferungen}} \%$ *Kennzahlentyp:* C 2 b (Grundformel) *Zähler, Nenner:* Statt »Wert« kann alternativ »Anzahl« eingesetzt werden *Information:* Prozentualer Anteil beanstandeter Lieferungen an den Gesamtlieferungen.

Beanstandungs-struktur	$= \dfrac{\text{Beanstandung wegen} \ldots \times 100}{\text{gesamte Beanstandungen}}$ %

Kennzahlentyp: C 2 b (Grundformel)

Zähler: Wert- oder alternativ mengenmäßig; als Gründe kommen vor allem in Frage: Mängel, Mengenabweichungen, Transportbeschädigungen

Nenner: Entsprechend dem Zähler Wert- oder alternativ mengenmäßiger Ausdruck

Information: Prozentualer Anteil der einzelnen Ursachen an der Gesamtheit der Beanstandungen.

Literaturhinweise

Palloks, M., Kennzahlen, absatzwirtschaftliche, in: HWM, 2. Aufl., Stuttgart 1995, Sp. 1136 ff.
Radke, M., Die große Betriebswirtschaftliche Formelsammlung, 11. Aufl., Landsberg 2001, S. 584 ff.
Scharnbacher, Statistik im Betrieb, 14. Aufl., Wiesbaden 2004, S. 236 ff.
Schott, G., Kennzahlen, Instrument der Unternehmensführung, 6. Aufl., Wiesbaden 1991, S. 123 ff.
Wolf, K., Break-even-Analyse, Grundlagen und praktische Durchführung, in: BBK 2006, S. 1333 ff.

5. Kennzahlen aus dem Bereich der Personalwirtschaft

Die Menschen und ihre Leistungen prägen das Unternehmen, bestimmen Erscheinungsbild und Handlungsweise gegenüber allen am Unternehmensgeschehen Beteiligten. Das Personal gehört mit zu den *sensibelsten Bereichen*; die Struktur und die Entwicklung des Personals sollte im Interesse der langfristigen *Sicherung des Unternehmens* kontrolliert und gesteuert werden.

a) Bestand und Struktur des Personals

Diese Kennzahlengruppe gibt Aufschluss über die *Zusammensetzung* des Personals nach bestimmten, auszuwählenden Kriterien. Damit lassen sich Fehlentwicklungen, z.B. ungleiche Altersstrukturen, verhindern. Die Zeitdauer der *Betriebszugehörigkeit* und die *Fluktuation* von Mitarbeitern weisen z.B. auf das Betriebsklima, die Möglichkeiten des innerbetrieblichen Aufstiegs, das Lohnniveau im Vergleich zu anderen Betrieben hin.

VI. AUSGEWÄHLTE KENNZAHLEN

Bezeichnung	Beschreibung
Beschäftigungs-struktur	$= \dfrac{\text{Zahl der Beschäftigten nach } \ldots \times 100}{\text{Gesamtzahl der Beschäftigten}}$ %

Kennzahlentyp: C 1 a

Zähler: Einteilung nach einzelnen Merkmalen, z.B. Geschlecht, Rechtsstellung, Herkunft, Berufen, Kostenstellenbereichen usw.

Nenner: Neben der Gesamtzahl der im Betrieb Beschäftigten können Teilbereiche (z.B. Fertigungsbereich oder Angestellte insgesamt) herausgegriffen und auf entsprechenden Zähler bezogen werden.

Information: Prozentualer Anteil einer Teilgruppe an der Gesamtzahl der Beschäftigten.

Altersstruktur	$= \dfrac{\text{Altersgruppe} \ldots \times 100}{\text{Gesamtzahl der Beschäftigten}}$ %

Kennzahlentyp: C 1 a

Zähler: Es können Gruppen mit bestimmten Altersbereichen, z.B. von 5 Jahren, gebildet und ggf. mit anderen Merkmalen (s. bei der Beschäftigtenstruktur) kombiniert werden.

Nenner: Außer der Gesamtzahl können auch Teilgruppen, z.B. Geschlecht, verwendet werden.

Information: Altersmäßiger Aufbau der Belegschaft in Prozenten.

Betriebszuge-hörigkeitsstruktur	$= \dfrac{\text{Beschäftigte mit} \ldots \text{Jahren} \times 100}{\text{Gesamtzahl der Beschäftigten}}$ %

Kennzahlentyp: C 1 a

Zähler: Aufteilung nach Jahren oder Monaten, außerdem können bestimmte Teilmerkmale, z.B. Geschlecht zugrunde gelegt werden.

Nenner: Neben der Gesamtzahl können Teilbereiche (und im Zusammenhang mit dem Zähler) Teilgrößen errechnet werden.

Information: Prozentuale Zusammensetzung der Beschäftigten nach der Dauer der Betriebszugehörigkeit.

Personalzugang und seine Struktur	$= \dfrac{\text{Personalzugang} \times 100}{\text{Zahl der durchschnittlich Beschäftigten}}$ %

Kennzahlentyp: B 1 d

Zähler: Zugang des Personals nach der Gesamtzahl oder nach einzelnen Merkmalen, z.B. Angestellte, Arbeiter, männlich -weiblich usw.

	Nenner: Ermittlung des arithmetischen Mittels nach Monaten, Quartalen usw. *Information*: Prozentualer Zugang an Personal während eines Zeitraumes im gesamten oder nach bestimmten Kriterien ermittelt.
Fluktuationsziffer	$= \dfrac{\text{Personalabgang} \times 100}{\text{Zahl der durchschnittlich Beschäftigten}}\ \%$ *Kennzahlentyp*: B 1 d *Zähler*: Neben dem gesamten Abgang können gesondert ermittelt werden die Abgänge nach der Rechtsstellung, Berufsgruppen, Gründen, Betriebszugehörigkeit, Lebensalter, Geschlecht, Kostenstellenbereichen usw. *Nenner*: Eine Aufteilung entsprechend dem Zähler kann erfolgen. *Information*: Prozentualer Abgang von Beschäftigten als Gesamtprozentsatz oder nach bestimmten Kriterien errechnet.

b) Arbeitszeit, An- und Abwesenheit

Die ständig steigenden Aufwendungen für Löhne und Gehälter zwingen das Unternehmen zur Kontrolle der *Arbeitszeit*. Dies gilt umso mehr, als das Unternehmen durch das Lohnfortzahlungsgesetz auch den Lohn im Krankheitsfalle tragen muss (siehe auch Krankenquote). Durch die gezielte Informationsbeschaffung lassen sich u.U. Ursachenfelder herausfinden, die dann beseitigt werden können.

Bezeichnung	*Beschreibung*
Durchschnittliche Arbeitszeit	$= \dfrac{\text{Arbeitsstunden}}{\text{Beschäftigtenzahl}}$ *Kennzahlentyp*: B 1 d *Zähler* und *Nenner* können sowohl auf die Gesamtzahl als auch auf nach bestimmten Kriterien (z.B. Arbeiter, Angestellte) ermittelte Teilgrößen bezogen werden. Als Zeiträume kommen neben Tagen insbesondere Wochen und Monate in Frage. *Information*: Zahl der pro Beschäftigter geleisteten Arbeitsstunden während eines bestimmten Zeitraumes als Soll- oder Ist-Stunden.

VI. AUSGEWÄHLTE KENNZAHLEN 117

Arbeitszeitstruktur	$= \dfrac{\text{Arbeitsstunden} \ldots \times 100}{\text{gesamte Arbeitsstunden}} \%$
	Kennzahlentyp: C 1 b
	Zähler und *Nenner*: Eine Aufteilung kann nach verschiedenen Kriterien, u.a. nach Kostenstellen, Produkten, erfolgen.
	Information: Prozentualer Anteil der einzelnen Arten von Arbeitsstunden an der Gesamtzahl der Arbeitsstunden.
Krankenquote (-zeiten)	$= \dfrac{\text{Zahl der Kranken} \times 100}{\text{Zahl der Beschäftigten}} \%$
	Kennzahlentyp: C 1 b
	Zähler und *Nenner*: Eine Differenzierung nach bestimmten Unterscheidungsmerkmalen, z.B. Geschlecht, Rechtsstellung usw., erscheint zweckmäßig.
	Information: Anteil der Kranken an der Gesamtzahl der Beschäftigten bzw. Anteil der Krankentage an der Gesamtzahl der Arbeitstage in Prozenten.
Abwesenheitsstruktur	$= \dfrac{\text{Abwesende nach Ursachen} \ldots 100}{\text{Gesamtzahl der Beschäftigten}} \%$
	Kennzahlentyp: C 1 a
	oder
	$= \dfrac{\text{Abwesenheitsursachen} \ldots \text{in Stunden} \times 100}{\text{Arbeitsstunden aller Beschäftigten}} \%$
	Kennzahlentyp: C 1 b
	Zähler: Folgende Ursachenfelder sind insbesondere heranzuziehen: Krankheit, Unfälle, Urlaubszeiten, Berufsschulzeiten, Dienstreisen.
	Information: Prozentualer Anteil der einzelnen Abwesenheitsursachen an der Gesamtzahl der Beschäftigten bzw. der Arbeitsstunden.

c) Personalaufwand und Personalbeurteilung

Der Aufwand für das Personal gehört vom Umfang her in den meisten Unternehmen zu den großen *Aufwandsblöcken*, die den Erfolg ganz erheblich beeinflussen. Die *Kontrolle* des Personalaufwands im Zeitablauf, die Darstellung seiner *Struktur* und die Leistungen des Personals im Zusammenhang mit dem Umsatz bzw. der

Gesamtleistung liefern wichtige Informationen. In diesem Bereich bietet sich auch ein zwischenbetrieblicher *Vergleich* mit Hilfe von Branchen-Kennzahlen an.

Bezeichnung	Beschreibung
Durchschnittlicher Personalaufwand	$= \dfrac{\text{gesamter Personalaufwand}}{\text{Gesamtzahl der Beschäftigten}}$ *Kennzahlentyp*: B 4 d *Zähler*: Der Personalaufwand ergibt sich durch Addition von Löhnen, Gehältern und Sozialaufwand. *Information*: Personalaufwand pro Beschäftigter in einem bestimmten Zeitabschnitt.
Personalaufwandsstruktur	$= \dfrac{\text{Personalaufwand für} \ldots \times 100}{\text{gesamter Personalaufwand}}$ % *Kennzahlentyp*: C 2 b *Zähler*: Als Aufteilungskriterien können verwendet werden: Art des Personalaufwands, Rechtsstellung der Arbeitnehmer, Kostenstellen usw. *Nenner*: S. Zähler beim »durchschnittlichen Personalaufwand«. Bildung von Untergruppen analog dem Zähler möglich. *Information*: Prozentualer Anteil der einzelnen Arten am gesamten Personalaufwand.
Leistung je Arbeitnehmer	$= \dfrac{\text{Umsatzerlöse oder Gesamtleistung} \ldots \times 100}{\text{durchschnittlich beschäftigte Arbeitnehmer}}$ *Kennzahlentyp*: B 4 d *Zähler*: Umsatzerlöse i.S.v. § 277 Abs. 1 HGB oder Gesamtleistung, Aufteilung in Produktgruppen usw. möglich. *Nenner*: Entsprechend der Aufteilung des Zählers ist der Nenner zu bilden. *Information*: Umsatzerlöse bzw. Gesamtleistung pro Arbeitnehmer in einem bestimmen Zeitraum, insbesondere pro Jahr.
Leistung bezogen auf Personalaufwand	$= \dfrac{\text{Umsatzerlöse oder Gesamtleistung} \times 100}{\text{gesamter Personalaufwand}}$ % *Kennzahlentyp*: B 2 b

Zähler: Umsatzerlöse i.S.v. § 277 Abs. 2 HGB, Aufteilung nach Produktgruppen usw. möglich.

Nenner: Personalaufwand (Gehälter, Löhne, Sozialaufwand) für sämtliche Arbeitnehmer, Aufteilung entsprechend dem Zähler möglich.

Information: Umsatzerlöse bzw. Gesamtleistung ausgedrückt in Prozenten des Personalaufwandes.

Kapitaleinsatz (Vermögens-) je Arbeitnehmer $= \dfrac{\text{Vermögen}}{\text{Zahl der Arbeitnehmer}}$

Kennzahlentyp: B 4 a

Zähler: Als durchschnittlich vorhandenes Vermögen kann eingesetzt werden: Gesamt-Vermögen, Anlage-Vermögen, Umlauf-Vermögen, betriebsnotwendiges Vermögen. Eine Aufteilung in Bereiche, z.B. Fertigung, Lager, kann vorgenommen werden.

Nenner: Gesamtzahl der Arbeitnehmer oder entsprechend dem Zähler Bildung von Gruppen, s. auch § 285 Satz 1 Nr. 4 ff. HGB.

Information: Kapital-(Vermögens-)Einsatz pro Arbeitnehmer.

Materialeinsatz (-verbrauch) je Beschäftigter im Fertigungsbereich $= \dfrac{\text{gesamter Materialeinsatz (-verbrauch)}}{\text{Beschäftigte im Fertigungsbereich}}$

Kennzahlentyp: B 4 d

Zähler: Der gesamte Materialeinsatz kann aufgeteilt werden z.B. nach Arten, nach Kostenstellen usw.

Nenner: Statt der Gesamtzahl der Beschäftigten kann (in Abstimmung mit dem Zähler) z.B. die Zahl pro Kostenstelle, pro Aggregat usw. eingesetzt werden.

Information: Materialeinsatz in einem bestimmten Zeitabschnitt pro Beschäftigter.

Literaturhinweise

Radke, M., Die große Betriebswirtschaftliche Formelsammlung, 11. Aufl., Landsberg 2001, S. 318 ff.

Schott, G., Kennzahlen, Instrument der Unternehmensführung, 6. Aufl., Wiesbaden 1991, S. 163 ff.

Schulte, C., Personal-Controlling mit Kennzahlen, 3. Aufl., München 2011

6. Kennzahlen aus dem Bereich der Finanzwirtschaft und des Jahresabschlusses

Die *Finanzwirtschaft* lässt sich als Bereitstellung, Einsatz und Rückfluss finanzieller Mittel zur Durchführung des Unternehmensprozesses charakterisieren. Kennzahlen aus dem Jahresabschluss sollen Aufschluss über die wirtschaftliche Lage eines Unternehmens geben. Dazu gehört u.a. die Ertragskraft, die den Erfolg des Unternehmens am Markt aufzeigt (vgl. dazu auch das Instrumentarium der Bilanzanalyse).

a) Vermögensstruktur, Abschreibungen, Investitionen

Die *Konstitution* eines Unternehmens lässt sich mit Hilfe von Kennzahlen zur Vermögens- und Kapitalstruktur aufzeigen. So kann z.b. aus einem sehr hohen Anteil an Anlagevermögen die Kapitalintensität, die Belastung mit fixen Kosten (Abschreibungen, Zinsen) und damit die Anfälligkeit bei Beschäftigungsschwankungen abgelesen werden.

Kennzeichen für die langfristige Kapitalbindung und evtl. Schwerpunkte zukünftiger Produktionsaktivitäten sind die *Investitionen* und deren Zusammensetzung. Mit Hilfe der Anlagendeckung, d.h. der Relation zwischen langfristigem Kapital und langfristigem Vermögen, lässt sich feststellen, ob fristenkongruent finanziert wurde.

Die *Kapitalfreisetzung* und deren Höhe gehen aus den Abschreibungen hervor. Sie sind Teil der Innenfinanzierung und lassen Rückschlüsse auf die Finanzierungspolitik zu.

Bezeichnung	*Beschreibung*
Vermögensstruktur	$= \dfrac{\text{Vermögensart} \times 100}{\text{Bilanzsumme}} \ \%$ *Kennzahlentyp*: C 2 a *Zähler*: Einzusetzen sind einzelne Bilanzposten oder auch Gruppen, z.B. Finanzanlagen usw. *Nenner*: Anstelle der Bilanzsumme kann auch die Größe Gesamtvermögen (= Bilanzsumme – Wertberichtigungen – aktive Rechnungsabgrenzung – Bilanzverlust) oder die Summe eines Vermögensbereiches, z.B. Anlagevermögen, Umlaufvermögen, eingesetzt werden, s. dazu auch § 266 HGB.

VI. AUSGEWÄHLTE KENNZAHLEN 121

	Information: Prozentualer Anteil der einzelnen Vermögensart bzw. -gruppe an der Bilanzsumme, dem Gesamtvermögen oder dem Vermögensbereich.
Abschreibungsquote	$= \dfrac{\text{gesamte Abschreibungen} \times 100}{\text{Bilanzsumme}}$ %
	Kennzahlentyp: B 2 d
	Zähler: Statt der gesamten Abschreibungen kann analog zum Nenner eine Eingrenzung, z.b. nur auf Sachanlagen erfolgen.
	Nenner: Anstelle der Bilanzsumme kann auch das Gesamtvermögen (wegen der Begriffe vgl. oben »Vermögensstruktur«) oder analog zum Zähler ein Teil davon, z.b. die Sachanlagen, verwendet werden.
	Information: Prozentuale Höhe der Abschreibungen bezogen auf das Vermögen in seiner Gesamtheit oder Teile davon, woraus sich die durchschnittliche Nutzungsdauer der Vermögensgegenstände ergibt.
Abschreibungs-struktur	$= \dfrac{\text{Abschreibungen auf} \ldots \times 100}{\text{gesamte Abschreibungen}}$ %
	Kennzahlentyp: C 2 b
	Zähler: Es sind die Abschreibungen auf die einzelnen Vermögensposten oder auf Vermögensgruppen und -bereiche, z.B. Anlagevermögen, einzusetzen. Außerdem können statt Vermögensposten usw. auch andere Kriterien herangezogen werden, z.B. Ursachen.
	Nenner: Die Abschreibungen umfassen sowohl Abschreibungen auf das Anlage- als auch Umlaufvermögen, evtl. Aufteilung analog dem Zähler.
	Information: Prozentualer Anteil der einzelnen Abschreibungen an den gesamten Abschreibungen.
Investitionsquote	*bezogen auf Anlagevermögen:* $= \dfrac{\text{Investitionen} \times 100}{\text{Anlagevermögen}}$ % *Kennzahlentyp*: B 2 d *bezogen auf Umsatzerlöse:* $= \dfrac{\text{Investitionen} \times 100}{\text{Umsatzerlöse}}$ % *Kennzahlentyp*: B 2 b

Zähler: Als Investitionen werden im Allgemeinen nur die Zugänge im Anlagevermögen während eines Geschäftsjahres bezeichnet (siehe auch Anlagenspiegel i.S.v. § 268 Abs. 2 HGB).

Nenner: Anlagevermögen i.S.v. § 247 Abs. 2 HGB; Umsatzerlöse ohne MwSt i.S.v. § 277 Abs. 1 HGB.

Information: Prozentualer Anteil der Investitionen bezogen auf das Anlagevermögen bzw. die Umsatzerlöse.

Investitionsstruktur $= \dfrac{\text{Investitionen für ...} \times 100}{\text{gesamte Investitionen}}$ %

Kennzahlentyp: C 2 b

Zähler: Als Aufteilungskriterien kommen vor allem in Frage: die Vermögensarten; die Funktionen: Kapazitätserweiterung, Rationalisierung, Ersatzbeschaffung.

Nenner: Vgl. oben »Investitionsquote«.

Information: Anteil jeder Investitionsart an den gesamten Investitionen.

Investitionsdeckung $= \dfrac{\text{Abschreibungen auf Anlagevermögen} \times 100}{\text{Investitionen im Anlagevermögen}}$ %

Kennzahlentyp: B 2 b

Zähler: Abschreibungen i.S.v. §§ 253, 254 HGB; statt der gesamten Abschreibungen können auch einzelne Gruppen herangezogen werden, z.B. planmäßige; auch der Cash Flow.

Nenner: Zum Begriff Investition vgl. oben »Investitionsquote«; Aufteilung nach Gruppen anlog dem Zähler.

Information: Prozentualer Anteil der Abschreibungen an den Investitionen bezogen auf das Anlagevermögen usw.

Investition je Arbeitnehmer $= \dfrac{\text{Investitionen}}{\text{Zahl der Arbeitnehmer}}$

Kennzahlentyp: B 4 d

Zähler: Zum Begriff Investition vgl. oben »Investitionsquote«; Aufgliederung nach verschiedenen Kriterien möglich, z.B. nach räumlichen Gesichtspunkten, nach dem Zweck der Investition.

Nenner: Aufgliederung analog dem Zähler.

Information: Investition pro Arbeitnehmer in einer absoluten Zahl.

Mechanisierungs-grad (Automatisierungs-)	$= \dfrac{\text{Maschinen und maschinelle Anlagen} \times 100}{\text{Bilanzsumme}} \, \%$
	Kennzahlentyp: C 2 a
	Zähler: Maschinen und maschinelle Anlagen nach § 266 Abs. 2 HGB, evtl. lediglich Maschinen und maschinelle Anlagen mit automatisierten Bearbeitungsgängen.
	Nenner: Neben der Bilanzsumme kann auch das Gesamtvermögen oder das Anlagevermögen (zu den Begriffen vgl. oben »Vermögensstruktur« bzw. §§ 247 Abs. 2, 266 Abs. 2 HGB) eingesetzt werden.
	Information: Prozentuales Verhältnis von Maschinen und maschinellen Anlagen zur Bilanzsumme usw.

b) Kapitalstruktur

Die Kapitalstruktur zeigt die Finanzierung des Unternehmens als statische Größe auf. Allgemein gilt: Je größer der Eigenkapitalanteil, desto besser ist das Unternehmen gegen Krisen gesichert. Aus der Struktur des Fremdkapitals, insbesondere auch dessen Fristigkeit und Zusammensetzung, können Finanzierungsrisiken erkannt werden.

Bezeichnung	*Beschreibung*
Kapitalaufbau bezogen auf Eigenkapital (= Eigenfinanzierungsgrad, Kapitalanspannungskoeffizient, Grad der finanziellen Unabhängigkeit, Eigenkapitalquote)	$= \dfrac{\text{Eigenkapital} \times 100}{\text{Gesamtkapital}} \, \%$ *Kennzahlentyp*: C 2 a *Zähler*: Eigenkapital i.S.v. § 266 Abs. 3 HGB, Eigenkapitalanteil an Sonderposten mit Rücklageanteil i.S.v. § 247 Abs. 3, § 273, § 281 Abs. 1 HGB a. F. *Nenner*: Gesamtes Eigen- und Fremdkapital; evtl. Bilanzsumme (in jedem Fall bereinigt um Wertberichtigungen). *Information*: Prozentualer Anteil des Eigenkapitals am Gesamtkapital bzw. Bilanzsumme.
Kapitalaufbau bezogen auf Fremdkapital (= Kapitalanspannungskoeffizient, Anspannungs-	$= \dfrac{\text{Fremdkapital} \times 100}{\text{Gesamtkapital}} \, \%$ *Kennzahlentyp*: C 2 a

grad, Kapitalan-spannungsgrad, Kreditwürdigkeit, Fremdkapitalquote)	*Zähler*: Fremdkapitalanteil an den Sonderposten mit Rücklageanteil, Rückstellungen, Verbindlichkeiten. *Nenner*: S. »Kapitalaufbau bezogen auf Eigenkapital«. *Information*: Prozentualer Anteil des Fremdkapitals am Gesamtkapital.
Eigenkapitalstruktur	$= \dfrac{\text{Art des Eigenkapitals} \times 100}{\text{gesamtes Eigenkapital}}$ % *Kennzahlentyp*: C 2 a *Zähler*: Als Arten des Eigenkapitals sind anzusehen: gezeichnetes Kapital, Kapitalrücklage, Gewinnrücklagen, vgl. dazu u.a. § 266 Abs. 3 HGB, § 247 Abs. 3 HGB a. F. (evtl. unterteilt nach Verwendungszwecken), Eigenkapitalanteil an den Sonderposten mit Rücklagenanteil (siehe oben »Kapitalaufbau«). *Nenner*: Vgl. oben Zähler von »Kapitalaufbau bezogen auf Eigenkapital«. *Information*: Prozentualer Anteil der einzelnen Arten des Eigenkapitals am gesamten Eigenkapital.
Fremdkapital-struktur	$= \dfrac{\text{Art des Fremdkapitals} \times 100}{\text{gesamtes Fremdkapital}}$ % *Kennzahlentyp*: C 2 a *Zähler*: Vgl. zu den einzelnen Arten insbesondere § 266 Abs. 3 HGB, andere Gliederungsgesichtspunkte, insbesondere auch Gruppenbildungen nach Fristigkeit oder Sicherheitsleistung, zweckmäßig. *Nenner*: Vgl. oben Zähler von »Kapitalaufbau bezogen auf Fremdkapital«. *Information*: Prozentualer Anteil der einzelnen Arten des Fremdkapitals am gesamten Fremdkapital.
Quote der Haftungs-verhältnisse	$= \dfrac{\text{Haftungsverhältnisse} \times 100}{\text{Gesamtkapital}}$ % *Kennzahlentyp*: B 2 a *Zähler*: Haftungsverhältnisse i.S.v. §§ 251, 268 Abs. 7 HGB. *Nenner*: Vgl. oben »Kapitalaufbau bezogen auf Eigenkapital«. *Information*: Prozentualer Anteil der Haftungsverhältnisse/ Eventualverbindlichkeiten am Gesamtkapital.

c) Umschlagshäufigkeiten von Vermögen und Kapital

Der *Prozess der Vermögensbindung und -freisetzung*, der Aufnahme und der Rückzahlung von Kapital vollzieht sich innerhalb des Unternehmensprozesses mit einer gewissen Geschwindigkeit. Ihre Veränderung kann eine Verbesserung oder eine Verschlechterung darstellen. So signalisiert eine Reduzierung des *Vermögensumschlages* eine Verlangsamung des Umschlagprozesses und damit eine höhere Kapitalbindung mit einer entsprechenden Erhöhung der Kosten. Generelles Ziel muss, abgesehen von Sonderfällen, eine möglichst hohe Umschlagshäufigkeit und damit eine geringe Bindungsdauer sein. Als typisches Beispiel sei die Umschlagshäufigkeit von Forderungen aus Lieferungen und Leistungen (Debitoren) genannt.

Für den *Kapitalumschlag* gilt grundsätzlich das Gegenteil wie für den Vermögensumschlag, jedoch kommt diesem Bereich nicht die gleiche Bedeutung zu. Hervorzuheben ist die Umschlagshäufigkeit der Verbindlichkeiten aus Lieferungen und Leistungen (Kreditoren).

Bezeichnung	*Beschreibung*
Gesamtkapitalumschlag	$= \dfrac{\text{Umsatzerlöse bzw. Gesamtleistung}}{\text{Gesamtkapital}}$ *Kennzahlentyp*: B 2 d *Zähler*: Umsatzerlöse i.S.v. § 277 Abs. 1 HGB bzw. Gesamtleistung. *Nenner*: Vgl. oben »Kapitalaufbau bezogen auf Eigenkapital«. *Information*: Umschlagshäufigkeit des gesamten Kapitals in einem bestimmten Zeitraum, meist einem Geschäftsjahr.
Teilkapitalumschlagsziffern	$= \dfrac{\text{Umsatzerlöse bzw. Gesamtleistung}}{\text{Teilkapital}}$ *Kennzahlentyp*: B 2 d *Zähler*: Vgl. oben »Gesamtkapitalumschlag«. *Nenner*: Als Teilkapitalien kommen vor allem in Frage: gezeichnetes Kapital, Eigenkapital, Fremdkapital, durchschnittliche Verbindlichkeiten aus Lieferungen und Leistungen (= Kreditoren) oder kurzfristige Verbindlichkeiten. *Information*: Umschlagshäufigkeit einzelner Kapitalteile in einem bestimmten Zeitraum, meist einem Geschäftsjahr.

Kapitalumschlags-dauer in Tagen	$= \dfrac{360\,(\text{bzw. }365)\,\text{Tage}}{\text{Gesamtkapitalumschlag bzw. Teilkapitalumschlagsziffer}}$ oder $= \dfrac{\text{Gesamt - bzw. Teilkapital} \times 360\,(\text{bzw. }365)\,\text{Tage}}{\text{Umsatzerlöse bzw. Gesamtleistung}}$ *Kennzahlentyp*: E *Zähler* und *Nenner*: Vgl. oben »Gesamtkapitalumschlag« bzw. »Teilkapitalumschlagsziffern«. *Information*: Umschlagsdauer des Gesamtkapitals bzw. einzelner Teilkapitalien in Tagen.
Gesamtvermögens-umschlag	$= \dfrac{\text{Umsatzerlöse bzw. Gesamtleistung}}{\text{Gesamtvermögen}}$ *Kennzahlentyp*: B 2 d *Zähler*: Umsatzerlöse i.S.v. § 277 Abs. 1 HGB bzw. Gesamtleistung. *Nenner*: Vgl. oben »Vermögensstruktur«. *Information*: Umschlagshäufigkeit des Gesamtvermögens in einem bestimmten Zeitraum, meist einem Geschäftsjahr.
Teilvermögens-umschlagsziffern	$= \dfrac{\text{Umsatzerlöse bzw. Gesamtleistung}}{\text{Teilvermögen}}$ *Kennzahlentyp*: B 2 d *Zähler*: Vgl. oben »Gesamtvermögensumschlag«. *Nenner*: Als Teilvermögen sind insbesondere einzusetzen: betriebsnotwendiges Vermögen, Anlagevermögen, Umlaufvermögen, Vorräte, Forderungen aus Lieferungen und Leistungen (= Debitoren) usw. *Information*: Umschlagshäufigkeit der einzelnen Vermögensteile in einem bestimmten Zeitraum, meist einem Geschäftsjahr.
Vermögens-umschlagdauer in Tagen	$= \dfrac{360\,(\text{bzw. }365)\,\text{Tage}}{\text{Gesamtvermögensumschlag bzw. Teilvermögensumschlagsziffer}}$ oder

Kennzahlentyp: E
Zähler und *Nenner*: Vgl. oben »Gesamtvermögensumschlag« bzw. »Teilvermögensumschlagsziffern«.
Information: Umschlagsdauer des Gesamtvermögens bzw. einzelner

$$= \frac{\text{Gesamt - bzw. Teilvermögen} \times 360 \,(\text{bzw.}\,365)\,\text{Tage}}{\text{Umsatzerlöse bzw. Gesamtleistung}}$$

Teilvermögen in Tagen.

d) Finanzierung und Liquidität

Die Finanzierung kann *statisch*, d.h. zeitpunktbezogen, oder *dynamisch*, d.h. zeitraumbezogen, gesehen werden. Die *statische Betrachtung* zeigt die bestehenden Finanzierungsverhältnisse als Struktur, also als Kapitalstruktur, auf. Die *zeitraumbezogene Sicht* zeigt die Finanzierungsvorgänge des Unternehmens als Gesamtheit in retrospektiven oder prospektiven Kapitalflussrechnungen oder Bewegungsbilanzen auf. Einzelne Kennzahlen, vor allem als Beziehungszahlen, vermögen spezifische Sachverhalte zu verdeutlichen.

Als *Liquidität* wird allgemein die Zahlungsfähigkeit eines Unternehmens angesehen. Die Erfassung der Zahlungsströme erfolgt unternehmensintern mit Hilfe der *Finanzplanung*, einer Gegenüberstellung der Einnahmen und Ausgaben bezogen auf einen bestimmten Zeitraum (= dynamische Liquidität) unter Berücksichtigung des Bestandes an Zahlungsmitteln. Aus den Jahresabschlüssen lassen sich nur stichtagsbezogene Informationen, nämlich Verhältniszahlen aus kurzfristigen Aktiva und kurzfristigen Passiva gewinnen. Sie sind nicht mit Zahlungsströmen identisch und meist nicht zeitnah, daher wenig informativ. Derartige Kennzahlen werden vor allem im Rahmen externer Jahresabschlussanalysen, also vergangenheitsorientiert, ermittelt.

Bezeichnung	*Beschreibung*
Finanzierungsstruktur	$= \dfrac{\text{Art der Kapitalaufbringung} \times 100}{\text{gesamte Kapitalaufbringung}}\,\%$
	Kennzahlentyp: C 2 b
	Zähler: Es sind verschiedene Aufteilungsgesichtspunkte möglich, insbesondere in Innen- und Außenfinanzierung, Eigen-, Selbst- und Fremdfinanzierung jeweils mit weiteren Untergliederungen nach Ursachen usw.

	Nenner: Als Finanzierung wird die gesamte Kapitalaufbringung einschließlich der Kapitalfreisetzung durch Abschreibungsgegenwerte und dgl. angesehen. Der Begriff »Finanzierung« wird jedoch in der Literatur mit recht verschiedenem Inhalt gebraucht! *Information*: Prozentualer Anteil der einzelnen Finanzierungsarten an der Gesamtfinanzierung.
Cash Flow	Bilanzgewinn bzw. -verlust − Gewinnvortrag aus dem Vorjahr + Verlustvortrag aus dem Vorjahr + Erhöhung von Rücklagen zulasten des Ergebnisses − Auflösung von Rücklagen zugunsten des Ergebnisses + Abschreibungen auf das Anlagevermögen = Cash Flow I + Erhöhung der langfristigen Rückstellungen − Verminderungen der langfristigen Rückstellungen = Cash Flow II +/− außerordentliche betriebs- und periodenfremde Aufwendungen und Erträge = Cash Flow III − Dividendensumme = Cash Flow IV *Kennzahlentyp*: A 2 b Die Auffassungen über Inhalt und Aussagekraft des Cash Flow gehen in der betriebswirtschaftlichen Literatur erheblich auseinander. In der engsten Auffassung werden lediglich die zum Cash Flow I, in der weitesten Auffassung die zum Cash Flow IV verwendeten Posten herangezogen. Eine herrschende Meinung ist nicht festzustellen. Vgl. dazu auch DRS 2 sowie die Übersicht am Ende des Abschnitts. *Information*: Indirekte Errechnung der Finanzkraft durch Ermittlung des intern aufgebrachten Kapitals in Form aller Zahlungsmittelzuflüsse (Einnahmen) und aller Zahlungsmittelabflüsse (Ausgaben).
Free Cash Flow	Cash Flow aus laufender Geschäftätigkeit (operativer) + Cash Flow aus Investitionstätigkeit (negativ ./.) *Kennzahlentyp*: A 2 b *Inhalt:* Vgl. unten Cash Flow nach DRS 2. *Information*: Frei verfügbarer Cash Flow, weitere Varianten üblich.

VI. AUSGEWÄHLTE KENNZAHLEN

Eigenkapital-Effizienz, -Rate	$= \dfrac{\text{Cash Flow} \times 100}{\text{Eigenkapital}}$ %
	Kennzahlentyp: B 2 d *Zähler*: Vgl. oben »Cash Flow«. *Nenner*: Vgl. oben »Kapitalaufbau bezogen auf Eigenkapital«. *Information*: Cash Flow in Prozenten des Eigenkapitals.
Cash Flow bezogen auf Umsatz/ Gesamtleistung	$= \dfrac{\text{Cash Flow} \times 100}{\text{Umsatzerlöse bzw. Gesamtleistung}}$ %
	Kennzahlentyp: B 2 b *Zähler*: Vgl. oben »Cash Flow«. *Nenner*: Umsatzerlöse bzw. Gesamtleistung i.S.v. § 277 Abs. 1 HGB. *Information*: Cash Flow in Prozenten der Umsatzerlöse bzw. der Gesamtleistung.
Investition-Finanzierung	$= \dfrac{\text{Cash Flow} \times 100}{\text{Investition}}$ %
	Kennzahlentyp: B 2 b *Zähler*: Vgl. oben »Cash Flow«. *Nenner*: Vgl. oben »Investitionsquote«. *Information*: Cash Flow in Prozenten der Investition.
Liquidität (statische Liquidität)	
1. Grades	$= \dfrac{\text{liquide Mittel} \times 100}{\text{kurzfristige Verbindlichkeiten}}$ %
2. Grades	$= \dfrac{(\text{liquide Mittel} + \text{kurzfr. Forderungen}) \times 100}{\text{kurzfristige Verbindlichkeiten}}$ %
3. Grades	$= \dfrac{(\text{liquide Mittel} + \text{kurzfr. Forderungen} + \text{Fertigerzeugnisse, Waren}) \times 100}{\text{kurzfristige Verbindlichkeiten}}$ %
	Kennzahlentyp: B 2 a In der Literatur finden sich noch zahlreiche ähnliche Formeln. *Zähler*: Liquide Mittel: Kassenbestand, Bundesbankguthaben, Guthaben bei Kreditinstituten, Wechsel, Schecks, Wertpapiere (börsengängige). Kurzfristige Forderungen: Forderungen, die innerhalb von 90 Tagen fällig sind, Fertigerzeugnisse, Waren.

	Nenner: Verbindlichkeiten aller Art, die innerhalb von 90 Tagen fällig sind. *Information*: Verhältnis zwischen kurzfristigen Vermögensteilen und Verbindlichkeiten in Prozent der kurzfristigen Verbindlichkeiten.
Net Working Capital	Umlaufvermögen ./. kurzfristiges Fremdkapital *Kennzahlentyp*: A 2 a *Umlaufvermögen:* Vgl. § 266 Abs. 2 HGB. *Kurzfristiges Fremdkapital:* Vgl. § 266 Abs. 3 HGB, mit Restlaufzeit bis 90 Tagen. Vgl. dazu auch Liquidität 3. Grades. *Information*: Anteilige Finanzierung des Umlaufvermögens mit Fremdkapital..
Anlagendeckung:	bezogen auf Eigenkapital: $$= \frac{\text{Eigenkapital} \times 100}{\text{Anlagevermögen}} \%$$ *Kennzahlentyp*: B 2 a *Zähler*: Vgl. oben »Kapitalaufbau bezogen auf Eigenkapital«. *Nenner*: Anlagevermögen i.S.v. §§ 247 Abs. 2, § 266 Abs. 2 HGB *Information*: Eigenkapital in Prozenten des Anlagevermögens bezogen auf langfristiges Kapital: $$= \frac{(\text{Eigenkapital} + \text{langfr. Verbindlichkeiten}) \times 100}{\text{Anlagevermögen}} \%$$ *Kennzahlentyp*: B 2 a *Zähler*: Eigenkapital: vgl. oben »Kapitalaufbau bezogen auf Eigenkapital«; langfristiges Fremdkapital: langfristige Rückstellungen, Verbindlichkeiten mit einer Restlaufzeit von mehr als 1 Jahr, Fremdkapitalanteil an den Sonderposten mit Rücklageanteil; vgl. u.a. §§ 247 Abs. 3, 273 HGB a. F. *Nenner*: Anlagevermögen i.S.v. §§ 247 Abs. 2, 266 Abs. 2 HGB. *Information*: Langfristiges Kapital in Prozenten des Anlagevermögens.
Cash Flow / Kapitalflussrechnung nach DRS 2, indirekte Methode	Siehe nächste Seite!

VI. AUSGEWÄHLTE KENNZAHLEN

1.		Periodenergebnis (einschließlich Ergebnisanteilen von Minderheitsgesellschaftern) vor außerordentlichen Posten
2.	+/–	Abschreibungen/Zuschreibungen auf Gegenstände des Anlagevermögens
3.	+/–	Zunahme/Abnahme der Rückstellungen
4.	+/–	Sonstige zahlungsunwirksame Aufwendungen/Erträge (bspw. Abschreibung auf ein aktiviertes Disagio)
5.	–/+	Gewinn/Verlust aus dem Abgang von Gegenständen des Anlagevermögens
6.	–/+	Zunahme/Abnahme der Vorräte, der Forderungen aus Lieferungen und Leistungen sowie anderer Aktiva, die nicht der Investitions- oder Finanzierungstätigkeit zuzuordnen sind
7.	+/–	Zunahme/Abnahme der Verbindlichkeiten aus Lieferungen und Leistungen sowie anderer Passiva, die nicht der Investitions- oder Finanzierungstätigkeit zuzuordnen sind
8.	+/–	Ein- und Auszahlungen aus außerordentlichen Posten
9.	=	Cash Flow aus der laufenden Geschäftstätigkeit (Summe aus 1 bis 8)
10.		Einzahlungen aus Abgängen von Gegenständen des Sachanlagevermögens
11.	–	Auszahlungen für Investitionen in das Sachanlagevermögen
12.	+	Einzahlungen aus Abgängen von Gegenständen des immat. Anlagevermögens
13.	–	Auszahlungen für Investitionen in das immaterielle Anlagevermögen
14.	+	Einzahlungen aus Abgängen von Gegenständen des Finanzanlagevermögens
15.	–	Auszahlungen für Investitionen in das Finanzanlagevermögen
16.	+	Einzahlungen aus dem Verkauf von konsolidierten Unternehmen und sonstigen Geschäftseinheiten
17.	–	Auszahlungen aus dem Erwerb von konsolidierten Unternehmen und sonstigen Geschäftseinheiten
18.	+	Einzahlungen aufgrund von Finanzmittelanlagen im Rahmen der kurzfristigen Finanzdisposition
19.	–	Auszahlungen aufgrund von Finanzmittelanlagen im Rahmen der kurzfristigen Finanzdisposition
20.	=	Cash Flow aus der Investitionstätigkeit (Summe aus 10 bis 19)
21.		Einzahlungen aus Eigenkapitalzuführungen (Kapitalerhöhungen, Verkauf eigener Anteile etc.)
22.	–	Auszahlungen an Unternehmenseigner und Minderheitsgesellschafter (Dividenden, Erwerb eigener Anteile, Eigenkapitalrückzahlungen, andere Ausschüttungen)
23.	+	Einzahlungen aus der Begebung von Anleihen und der Aufnahme von (Finanz-)Krediten
24.	–	Auszahlungen aus der Tilgung von Anleihen und (Finanz-) Krediten
25.	=	Cash Flow aus der Finanzierungstätigkeit (Summe aus 21 bis 24)
26.		Zahlungswirksame Veränderungen des Finanzmittelfonds (Summe aus 9, 20, 25)
27.	+/–	Wechselkurs-, konsolidierungskreis- und bewertungsbedingte Änderungen des Finanzmittelfonds
28.	+	Finanzmittelfonds am Anfang der Periode
29.	=	Finanzmittelfonds am Ende der Periode (Summe aus 26 bis 28)

e) Aufwand und Ertrag, Ertragslage

Als generelles und regelmäßig anzustrebendes Unternehmensziel gilt allgemein die *Gewinnerzielung*. Nur in bestimmten Situationen wird dieses kurzfristig durch andere Zielsetzungen, z.b. der Erhaltung der Zahlungsfähigkeit, abgelöst. Aus der Sicht des investierenden Eigentümers und damit des Unternehmers gehört die *Rendite* des von ihm eingesetzten Kapitals, d.h. des Eigenkapitals, zu den wichtigsten Kennzahlen. Zur differenzierten Betrachtung werden auch andere, spezifischen Informationszielen dienende *Rentabilitätskennzahlen* ermittelt. Dazu gehört die Rendite des Gesamtkapitals oder die Unternehmensrendite, die die Ertragslage des Unternehmens als ganzes, als Objekt darstellt.

Die einzelnen *Erfolgskomponenten*, Aufwand und Ertrag, sowie die *Erfolgsspaltung* vermitteln als absolute Zahlen oder als Strukturdaten eine vertiefte Einsicht. Dies gilt vor allem bei innerbetrieblichen und auch zwischenbetrieblichen Zeitvergleichen.

Bezeichnung	*Beschreibung*
Aufwandsstruktur	$= \dfrac{\text{Aufwand für} \ldots \times 100}{\text{gesamter Aufwand}} \%$ *Kennzahlentyp*: C 2 b *Zähler*: Der Aufwand kann entsprechend der Gewinn- und Verlustrechnung oder nach sonstigen Kriterien aufgegliedert werden, insbesondere auch in betriebsbedingten und nicht betriebsbedingten Aufwand, nach Kostenstellen usw. *Nenner*: Gesamter Aufwand aus der Gewinn- und Verlustrechnung oder Teilbereich analog dem Zähler. *Information*: Prozentualer Anteil der Aufwandsarten am gesamten Aufwand.
Ertragsstruktur	$= \dfrac{\text{Ertrag aus} \ldots \times 100}{\text{gesamte Erträge}} \%$ *Kennzahlentyp*: C 2 b *Zähler*: Die Erträge können entsprechend der Gewinn- und Verlustrechnung oder nach anderen Kriterien gegliedert werden, insbesondere auch in betriebliche und sonstige Erträge, nach Kostenstellen usw. *Nenner*: Gesamtsumme der Erträge aus der Gewinn- und Verlustrechnung oder Teilbereich analog dem Zähler. *Information*: prozentualer Anteil der verschiedenen Ertragsarten am Gesamtertrag.

VI. AUSGEWÄHLTE KENNZAHLEN 133

Aufwands-anteil/Stück	$= \dfrac{\text{Aufwand für ...}}{\text{produzierte Stückzahl}}$ *Kennzahlentyp*: B 4 b *Zähler*: Aufwand nach Arten, alternativ als Gesamtaufwand oder Teilaufwand, einzelne Produktionsstufen usw. *Nenner*: Abgrenzungen analog dem Zähler möglich. *Information*: Durchschnittlicher Anteil von einzelnen Aufwandsarten pro Stück.
Rohgewinnspanne	$= \dfrac{\text{Rohertrag} \times 100}{\text{Gesamtleistung}} \%$ *Kennzahlentyp*: B 2 b *Zähler*: Rohertrag, Wert = Umsatzerlöse – Materialaufwand. *Nenner*: Gesamtleistung, siehe Wertschöpfung, S. 105. *Information*: Rohertrag in Prozenten der Gesamtleistung.
Jahresüberschuss	Erträge – Aufwendungen bezogen auf ein Geschäftsjahr (vgl. die Gliederungen der Gewinn- und Verlustrechnung in § 275 HGB). *Kennzahlentyp*: A 2 b *Information*: Jahresergebnis vor Einstellungen in bzw. Auflösung von Rücklagen.
Bilanzgewinn, -verlust	Jahresüberschuss (+) / Jahresfehlbetrag (–) +/– Gewinnvortrag/Verlustvortrag aus dem Vorjahr + Entnahmen aus offenen Rücklagen – Einstellungen in offene Rücklagen *Kennzahlentyp*: A 2 b *Information*: Entwicklung des Bilanzgewinns aus dem Jahresüberschuss, insbesondere seine Beeinflussung durch Veränderungen der Rücklagen.
Cash Flow	vgl. oben S. 128 ff. *Kennzahlentyp*: A 2 b *Information*: Es handelt sich um eine Bruttoüberschussziffer, die einen besseren Einblick in die tatsächliche Ertragslage geben soll, da der Jahresüberschuss, z.B. durch die Abschreibungs- und Rückstellungspolitik, beeinflussbar ist.

EBIT *(Earnings before interest and taxes)*	Umsatzerlöse + sonstige betriebliche Erträge − Materialaufwand − Personalaufwand − Abschreibungen (Sachanlagen und immaterielle Anlagen) − sonstige betriebliche Aufwendungen *Kennzahlentyp*: A 2 b *Information*: Aus dem angelsächsischen übernommene Ertragskennzahl, entspricht dem Betriebsergebnis.
EBITDA *(Earnings before interest, taxes, depriciation and amortisation)*	Umsatzerlöse + sonstige betriebliche Erträge − Materialaufwand − Personalaufwand − sonstige betriebliche Aufwendungen *Kennzahlentyp*: A 2 b *Information*: Es handelt sich um eine Bruttoüberschussziffer, die dem Cash Flow entspricht, beachte: Veränderungen der Rückstellungen sind nicht eingerechnet, vgl. auch § 4h EStG.
EBITDA Marge	$= \dfrac{\text{EBITDA} \times 100}{\text{Umsatzerlöse}} \%$ *Kennzahlentyp:* B 2 b *Zähler:* Siehe oben! *Nenner:* Vgl. § 275 HGB bzw. § 277 Abs. 1 HGB *Information:* Es handelt sich um eine Umsatzrendite bezogen auf den EBITDA.
Rentabilitäten bezogen auf den Jahresüberschuss	Eigenkapitalrentabilität: $= \dfrac{\text{Jahresüberschuss} \times 100}{\text{Eigenkapital}} \%$ *Kennzahlentyp*: B 2 d *Gesamtkapitalrentabilität* (Unternehmensrentabilität): $= \dfrac{(\text{Jahresüberschuss} + \text{Zinsen für Fremdkapital}) \times 100}{\text{Gesamtkapital}} \%$ *Kennzahlentyp*: B 2 d

VI. AUSGEWÄHLTE KENNZAHLEN

	Umsatzrentabilität: $= \dfrac{\text{Jahresüberschuss} \times 100}{\text{Umsatzerlöse}}$ % *Kennzahlentyp*: B 2 b *Zähler*: Jahresüberschuss, vgl. oben. »Zinsen für Fremdkapital« = Posten 13 bzw. 12 der Gewinn- und Verlustrechnung nach § 275 HGB. *Nenner*: Eigenkapital und Gesamtkapital, vgl. oben »Kapitalaufbau bezogen auf Eigenkapital«; Umsatzerlöse in § 277 Abs. 1 HGB. *Information*: Jahresüberschuss in Prozenten des Eigenkapitals usw.
Rentabilitäten bezogen auf das Betriebsergebnis	*Rentabilität des Betriebes:* $= \dfrac{\text{Betriebsergebnis} \times 100}{\text{betriebsnotwendiges Kapital}}$ % *Kennzahlentyp*: B 2 d *Umsatzrentabilität:* $= \dfrac{\text{Betriebsergebnis} \times 100}{\text{Umsatzerlöse}}$ % *Kennzahlentyp*: B 2 b *Zähler*: Periodische betriebliche Erträge - periodische betriebliche Aufwendungen, in der Gewinn- und Verlustrechnung nach § 275 HGB nicht als Teilergebnis ausgewiesen. *Nenner*: Betriebsnotwendiges Kapital = betriebsnotwendiges Vermögen (= Anlagevermögen – Netto-Umlaufvermögen); nur durch Schätzung aus der Bilanz nach § 266 HGB zu ermitteln; Umsatzerlöse (ohne MwSt) i.S.v. §§ 275 Abs. 2, 3 und 277 Abs. 1 HGB. *Information*: Betriebsergebnis in Prozenten des betriebsnotwendigen Kapitals bzw. der Umsatzerlöse.
RONA (return on net assets)	$= \dfrac{\text{EBIT} \times 100}{\text{Net Assets}}$ % *Kennzahlentyp*: B 2 d *Zähler*: Earnings before interests and taxes, vgl. oben. *Nenner*: Anlagevermögen + Nettoumlaufvermögen = betriebsnotwendiges Kapital bzw. Vermögen. *Information*: Rentabilität des Betriebes, vgl. dazu oben.

ROCE *(return on capital employed)*	$= \dfrac{\text{EBIT} \times 100}{\text{Capital Employed}} \%$ *Kennzahlentyp*: B 2 d *Zähler*: Earnings before interests and taxes, siehe oben, aber auch andere Größen. *Nenner*: Eigenkapital + verzinsliches Fremdkapital = Erweiterung des betriebsnotwendigen Vermögens bzw. Kapitals, siehe oben. *Information*: Rentabilitätskennziffer mit erhöhtem Zähler.
ROS *(return on sales)*	$= \dfrac{\text{EBIT} \times 100}{\text{Sales}} \%$ *Kennzahlentyp*: B 2 d *Zähler*: Earnings before interests and taxes, siehe oben. *Nenner*: Sales - Umsatzerlöse. *Information*: Umsatzrentabilität vor Steuern und Zinsen.
Rentabilitäten bezogen auf den Cash Flow	*Rentabilität des Eigenkapitals:* $= \dfrac{\text{Cash Flow} \times 100}{\text{Eigenkapital}} \%$ *Kennzahlentyp*: B 2 d *Rentabilität des Gesamtkapitals:* $= \dfrac{\text{Cash Flow} \times 100}{\text{Gesamtkapital}} \%$ *Kennzahlentyp*: B 2 d *Umsatzrentabilität:* $= \dfrac{\text{Cash Flow} \times 100}{\text{Umsatzerlöse}} \%$ *Kennzahlentyp*: B 2 b *Zähler*: Vgl. oben »Cash Flow«. *Nenner*: Eigen- und Gesamtkapital vgl. oben »Kapitalaufbau bezogen auf Eigenkapital« Umsatzerlöse i.S.v. § 277 Abs. 1 HGB. *Information*: Cash Flow in Prozenten des Eigen-, Gesamtkapitals oder der Umsatzerlöse.

VI. AUSGEWÄHLTE KENNZAHLEN

Ergebnis je Aktie	*Grundformel* $$= \frac{\text{Ergebnis}}{\text{Durchschnittliche Anzahl von Aktien im Umlauf}}$$ *Kennzahlentyp:* B 4 b *Zähler:* Ergebnis aus der Gewinn- und Verlustrechnung. *Nenner:* Anzahl der Aktien, ggf. des Mutterunternehmens. *Information:* Ergebnis je Aktie als absolute Zahl, lediglich für Abschlüsse nach IFRS vorgeschrieben, vgl. IAS 33; anstelle des Ergebnisses können auch andere Größen verwendet werden, z.B. Brutto-Cash Flow.
Dividentenrendite	$$= \frac{\text{Dividende} \times 100}{\text{Aktienkurs}} \%$$ *Kennzahlentyp:* B 2 b *Zähler:* Dividende in €. *Nenner:* Durchschnittlicher Aktienkurs bezogen auf den Zeitraum der Dividende. *Information:* Dividende in Prozent zum Aktienkurs.

Mit Hilfe der *Erfolgsspaltung* wird versucht, den Jahresüberschuss eines Unternehmens bzw. eines Konzerns als ganzes in seine *Ergebnisquellen* aufzuspalten. Dabei soll insbesondere die *nachhaltige Ertragskraft* im Zeitablauf aufgedeckt werden. In *Abbildung 29* werden die wesentlichen *Ergebnisbereiche nach § 275 Abs. 2 HGB* – Gewinn- und Verlustrechnung nach dem Gesamtkostenverfahren graphisch aufgezeigt. Dabei ist ausdrücklich anzumerken, dass neben den außerordentlichen Aufwendungen und Erträgen (vgl. § 277 Abs. 4 HGB) auch in anderen Posten aperiodische Aufwendungen und Erträge enthalten sein können. Dies gilt insbesondere für die Posten „Sonstige betriebliche Erträge" und „Sonstige betriebliche Aufwendungen". Mit Hilfe des Anhangs können bei Kapitalgesellschaften, bestimmten Personenhandelsgesellschaften und Konzernen hierüber Informationen gewonnen werden.

Mit Hilfe der Erfolgspaltung wird aber *nicht* sichtbar, welche *Geschäftszweige und* welche *–sparten* zum Erfolg und mit welcher Intensität beigetragen haben. Einen Einblick in diesen Bereich lässt sich mit Hilfe der *Segmentberichterstattung* gewinnen (vgl. § 264 Abs. 1 HGB, § 297 Abs. 1 HGB). Für die *Ausgestaltung* gibt es entsprechende nationale und internationale *Rechnungslegungsstandards* (vgl. DRS 3, 3 – 10, 3 – 20; IFRS 8).

138 VI. AUSGEWÄHLTE KENNZAHLEN

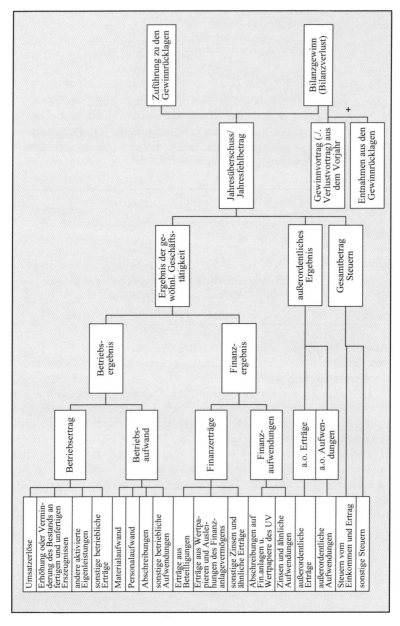

Abbildung 29: Erfolgsspaltung - Gesamtkostenverfahren, § 275 Abs. 2 HGB

Literaturhinweise

Busse v. Colbe, u.a., Ergebnis je Aktie nach DVFA/SG, 3. Aufl., Stuttgart 2000
Coenenberg, A. G., Haller, A., Schultze, W., Jahresabschluss und Jahresabschlussanalyse, 21. Aufl., Landsberg 2009, S. 1087 ff.
Gräfer, H., Schneider, G., Bilanzanalyse, 11. Aufl., Herne 2010
Meyer, C., Die Kunden-Bilanz-Analyse der Kreditinstitute, 2. Aufl., Stuttgart 2000
Radke, M., Die große Betriebswirtschaftliche Formelsammlung, 11. Aufl., Landsberg 2001, S. 18 ff.
Riebell, C., Die Praxis der Bilanzauswertung, 9. Aufl., Stuttgart 2009
Werheim, M., Schmitz, Th., Wertorientierte Kennzahlen, ein zusammenfassender Überblick, in: WiSt 2001, S. 495 ff.
Wöhe, G., Bilanzierung und Bilanzpolitik, 9. Aufl., München 1997, S. 841 ff.
Wöhe, G., Einführung in die allgemeine Betriebswirtschaftslehre, 24. Aufl., München 2010, u.a. S. 909 ff.

VII. Kennzahlen-Systeme aus der betrieblichen Praxis

1. DuPont-System of Financial Control

Von allen Kennzahlen-Systemen ist das DuPont-System am bekanntesten. Es hat die Form einer Pyramide (vgl. *Abbildung 30*). Eine Spitzenkennzahl, die das Unternehmensziel repräsentiert, wird in ihre Elemente aufgespalten. Diese sind durchgängig rechentechnisch verknüpft (= Rechensystem, vgl. S. 25 ff.) Es ist ein Beschreibungsmodell (vgl. oben S. 20) und ein Führungsinstrument (vgl. oben S. 33).

Im Hinblick auf die *Erkenntnisgewinnung* gehört das DuPont-System zu den Kennzahlen-Systemen mit unselbstständigem Erkenntniswert. Zur Beurteilung der Kennzahlen wird ein Vergleich mit anderen vergangenheitsorientierten Zahlen oder Vorgabewerten (Budget-, Sollwerten) benötigt. Aus diesem Grunde stellt die DuPont-Company bei der Auswertung auch drei verschiedene Kennzahlen einander gegenüber

(1) Ist-Kennzahlen des laufenden Jahres
(2) Ist-Kennzahlen der vergangenen 5 Jahre
(3) Soll-Kennzahlen aus dem Budget des laufenden Jahres.

Ursachen-Wirkungszusammenhänge lassen sich aus den Zahlen des Kennzahlen-Systems allein nur beschränkt erklären, weil es lediglich einen Teil der gesamten Wechselwirkungen, nämlich Ausschnitte aus dem vertikalen Bereich, in keinem Fall horizontale Abhängigkeiten, erfasst. So vermag ein Benutzer die Auswirkungen veränderter Vorräte auf das Umlaufvermögen, nicht aber z.B. auf die in die Materialkosten eingehenden Lagerkosten oder auf die Finanzierung und deren Kosten festzustellen.

Der »*Return on Investment*« darf nicht einfach mit »Rentabilität des Eigenkapitals« übersetzt werden, weil in Literatur und Praxis der Umfang der Ermittlungselemente uneinheitlich ist. So setzten Benutzer bei der Verhältniszahl »Turnover« zwar stets im Zähler die Summe »Sales« ein, im Nenner dagegen drei verschiedene Größen, nämlich

(1) Total Investment (= Gesamtvermögen)
(2) Total Capital (= Gesamtkapital)
(3) Net Worth (= Eigenkapital).

VII. KENNZAHLEN-SYSTEME AUS DER BETRIEBLICHEN SICHT

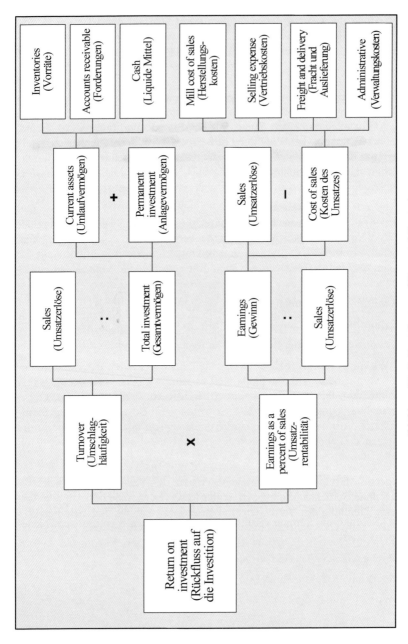

Abbildung 30: DuPont-System of Financial Control

VII. KENNZAHLEN-SYSTEME AUS DER BETRIEBLICHEN SICHT

Die Verwendung der verschiedenen Größen wirkt sich auf den »Turnover« aus. Bei Ziffer (1) und (2) liegt praktisch eine Identität vor, weil nach der Bilanzgleichung der Summe »Vermögen« die Summe »Kapital« entspricht (von den Posten der Rechnungsabgrenzung abgesehen). Der »Turnover« gibt in diesen Fällen den Umschlag des Gesamtvermögens bzw. des Gesamtkapitals an. Der »Return on Investment« lässt sich dann mit der in der deutschen Betriebswirtschaftslehre benutzten Gesamtkapitalrentabilität (oder Unternehmensrentabilität) vergleichen, sofern die »Cost of Sales« keine Zinsen für das Eigenkapital und für das Fremdkapital enthalten. Durch die Wahl der Größe »Net Worth« im Nenner weist der »Turnover« nur den Umschlag des Eigenkapitals aus. Der »Return on Investment« deckt sich mit der Rentabilität des Eigenkapitals, wenn in die »Cost of Sales« lediglich Zinsen für das Fremdkapital, nicht aber für das Eigenkapital eingerechnet werden.

In der betriebswirtschaftlichen Literatur wird hin und wieder versucht, mit Hilfe des *DuPont-Systems und Jahresabschlüssen* die Rentabilität des betriebsnotwendigen Vermögens (oder die Betriebs-Rentabilität) zu ermitteln. Dies gelingt bei externen Analysen nur unbefriedigend. Zum einen können die Posten im Jahresabschluss nicht exakt in betriebsnotwendiges und nicht betriebsnotwendiges Vermögen bzw. in betrieblich bedingte Aufwendungen und Erträge und außerordentliche Aufwendungen und Erträge aufgeteilt werden. Zum anderen bewirken zwingende Bewertungsvorschriften und Bewertungswahlrechte, dass Bilanzansätze und die Beträge der Posten in der Gewinn- und Verlustrechnung nicht mit den tatsächlichen übereinstimmen. Deshalb sind zwei Einsatzbereiche klar zu unterscheiden, nämlich die Verwendung als

(1) Instrument der Jahresabschlussanalyse mit Hilfe der Zahlen aus Bilanz und Gewinn- und Verlustrechnung und

(2) Instrument der internen Steuerung und Kontrolle mit Hilfe der Zahlen aus der Kosten- und Leistungsrechnung.

Die Entwicklung des Kennzahlen-Systems aus Zahlen nach Ziffer (1) ist vor allem durch folgende Merkmale gekennzeichnet: Ansatz des Vermögens bzw. des Eigenkapitals ohne Berücksichtigung evtl. stiller Reserven (gerade bei externen Analysen), keine Trennung des Vermögens in betriebsnotwendiges und nicht betriebsnotwendiges, Aufwandsrechnung (ohne kalkulatorische Kosten) und Ertragsrechnung, keine Aufteilung in betrieblichen und außerordentlichen Aufwand und Ertrag, Belastung mit KSt.

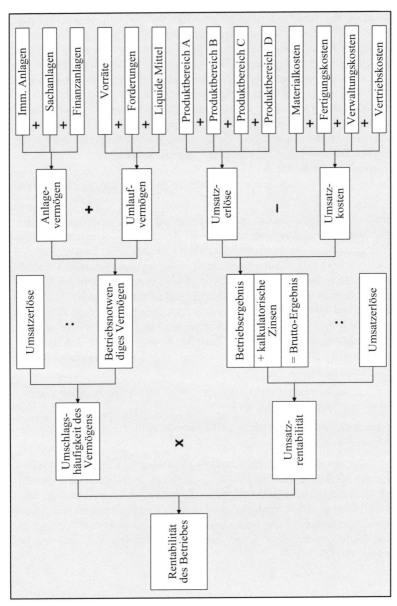

Abbildung 31: Kennzahlen-System mit Werten aus der Kostenrechnung

VII. KENNZAHLEN-SYSTEME AUS DER BETRIEBLICHEN SICHT   145

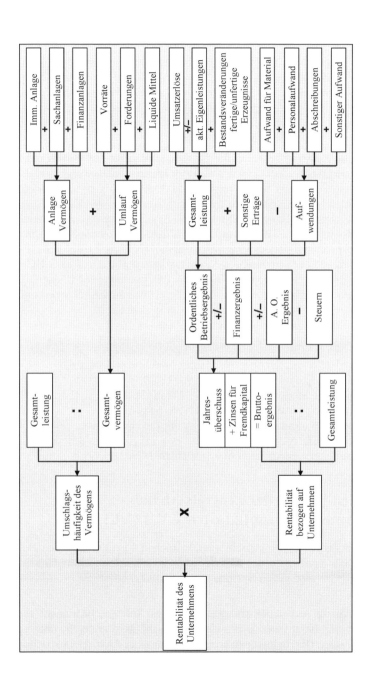

Abbildung 32: Kennzahlen-System mit Werten aus dem Jahresabschluss nach dem HGB

Die Zahlen aus der Kosten- und Leistungsrechnung nach Ziffer (2) weisen insbesondere folgende Kennzeichen auf: Ansatz des betriebsnotwendigen Vermögens, ggf. zu kalkulatorischen Restwerten und nach Auflösung stiller Reserven, Gegenüberstellung der Umsatzerlöse und der durch den Umsatz verursachten Kosten (Umsatzkosten) mit dem Betriebsergebnis als Differenz, Möglichkeit der Aufspaltung der Umsatzerlöse u.a. nach sachlichen und räumlichen Gesichtspunkten und der Umsatzkosten u.a. nach kalkulatorischen Kriterien.

Die unterschiedliche Ausgangslage und die Merkmale des Zahlenmaterials müssen bei der Gestaltung des Aufbaus und der daraus folgenden Sachaussage berücksichtigt werden. In *Abbildung 31* wurde versucht, das DuPont-Kennzahlen-System auf deutsche Verhältnisse zu übertragen und dabei Werte aus der Kosten- und Leistungsrechnung zur Ermittlung der Rentabilität des Betriebes zu verwenden. Der Jahresabschluss nach dem HGB liegt dagegen dem Kennzahlen-System mit der Spitzenkennzahl Rentabilität des Unternehmens in *Abbildung 32* zugrunde. Es ist zu beachten, dass aus der Gewinn- und Verlustrechnung in § 275 Abs. 2 HGB (Gesamtkostenverfahren) die Höhe der Zinsen für das Fremdkapital (Posten 12 bzw. 13) nicht exakt feststellbar ist und dass die Körperschaftsteuer bei inner- und zwischenbetrieblichen Vergleichen als Störungsfaktor wirken kann.

Literaturhinweise

Coenenberg, A. G., Haller, A., Schultze, W., Jahresabschluss und Jahresabschlussanalyse, 21. Aufl., Landsberg 2009, S. 1126 ff.
Gladen, W., Performance Measurement, 4. Aufl., Wiesbaden 2008, S. 82 ff.
Horvath, P., Controlling, 11. Aufl., München 2011, S. 544 ff.
Siegwart, H., Reinecke, S., Sander, S., Kennzahlen für die Unternehmensführung, 7. Aufl., Bern 2009, S. 64 ff.
Vollmuth, H., Unternehmenssteuerung mit Kennzahlen, München 1999

2. Kennzahlen-System des Zentralverbandes der Elektrotechnischen Industrie e.V. (ZVEI)

Aufgrund der Diskussion in der betriebswirtschaftlichen Literatur und den Bedürfnissen der Praxis erarbeitete der Zentralverband der Elektrotechnischen Industrie e.V. (ZVEI) ein Kennzahlen-System, das erstmals im Jahre 1970 veröffentlicht wurde.

Das stark differenzierte und detaillierte Zahlenmaterial soll ein Instrument *zur Analyse und Kontrolle* durch inner- und zwischenbetriebliche Vergleiche und ein Instrument der *Planung* (für Industrieunternehmen) schaffen. Den schematischen

Aufbau des Kennzahlen-Systems gibt *Abbildung 33* wieder. Eine nähere Betrachtung zeigt, dass außer einer *Wachstums-Analyse* vor allem eine *Struktur-Analyse* vorgenommen wird. Von der Eigenkapital-Rentabilität als Spitzenkennzahl der Struktur-Analyse leiten sich die übrigen Kennzahlen pyramidenförmig ab. Es entspricht damit im Grundaufbau dem DuPont-System, ist aber in vielen Punkten verfeinert und verbessert. Im Einzelnen sind dies folgende Bereiche:

(1) Spitzenkennzahl

(2) Rentabilitäts- und Liquiditätsanalyse

(3) Ergebnis-, Vermögens-, Kapital-, Finanzierungs-/Investitionsanalyse

(4) Aufwands-, Umsatz-, Kosten-, Beschäftigungs- und Produktivitätsanalyse

Das ZVEI-Kennzahlen-System weist nur Verhältniszahlen mit rechentechnischer Verknüpfung auf (mit Ausnahme der Wachstumsanalyse und der Randkennzahlen). Die Verbindung zwischen den Hauptkennzahlen (in *Abbildung 34*) mit starken Linien Nr. 100, 102 stellen sog. Hilfskennzahlen (in *Abbildung 34*) mit gestrichelten Linien Nr. 200, 201, 202 her. Diese wurden speziell hierfür gebildet, besitzen daher teilweise keine Aussagekraft und führen lediglich zu einem formalen, nicht aber sachlogischen Zusammenhang. Alle Hauptkennzahlen sind in der Abhandlung mit Hilfe von Formblättern definiert und zwar durch Angabe

(1) des Titels und der Kennzahlennummer

(2) der Anwendung

(3) der Formel

(4) des Formelinhalts und

(5) zusätzlicher Bemerkungen.

Dabei werden bei Posten aus der Bilanz und Gewinn- und Verlustrechnung die Gliederungsschemata des HGB verwendet. Außerdem gehen auch Werte aus der Kosten- und Leistungsrechnung (Bezeichnung nach dem Industriekontenrahmen (IKR) des Bundesverbandes der Deutschen Industrie und dessen Empfehlungen hierzu) in das System ein (vgl. *Abbildung 9, S. 39*). Einen Ausschnitt aus dem umfangreichen Kennzahlen-System zeigt die *Abbildung 34*.

Das ZVEI-Kennzahlen-System versucht – entsprechend dem der DuPont-Company – eine Spitzenkennzahl in ihre Elemente aufzuspalten und dadurch Ursachen-Wirkungszusammenhänge aufzudecken. Dies gelingt durch die fast ausschließliche Verwendung von Verhältniszahlen und durch eine weitgehende Differenzierung der Kennzahlen besser als beim DuPont-System. Aber auch hier sind nach wenigen Stufen nicht mehr alle Interdependenzen feststellbar. Beim Einsatz des ZVEI-Kennzahlen-Systems als Instrument der Planung gilt das gleiche, weil nur ein Teil der multikausalen Wirkungszusammenhänge im Kennzahlen-System sichtbar wird. Trotz dieser Mängel kann das Kennzahlen-System des ZVEI nach dem derzeitigen Stand der Entwicklung als praktisch verwendbares und ausgereiftes Kennzahlen-System bezeichnet werden.

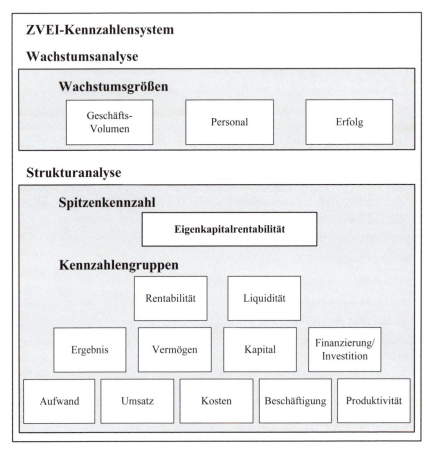

Abbildung 33: Schematischer Aufbau des ZVEI-Kennzahlen-Systems

VII. KENNZAHLEN-SYSTEME AUS DER BETRIEBLICHEN SICHT

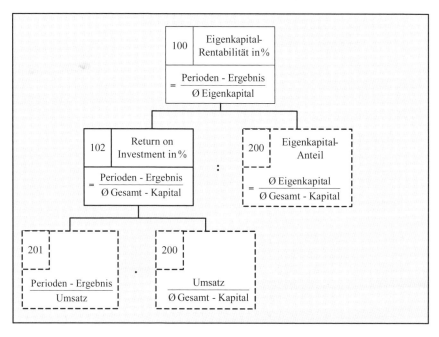

Abbildung 34: Ausschnitt aus dem ZVEI-Kennzahlen-System

Literaturhinweise

Horvath, P., Controlling, 11. Aufl., München 2011, S. 506 ff.
Zentralverband der Elektrotechnischen Industrie e.V.: ZVEI-Kennzahlensystem, 4. Aufl., Frankfurt 1989

3. MIDIAS – Management-Informations- und Diagnosesystem

Das von Hauschildt entwickelte Kennzahlen-System wird von der DATEV eG im Rahmen ihrer Programme zur Wirtschaftsberatung in der Praxis eingesetzt. Das Programm Unternehmensanalyse bietet als Auswertung der Daten folgende Ergebnisdarstellungen an:

- Tabellen und Grafiken,
- Baumstrukturdiagramme,
- Standard- und individuelle Berichte
- Präsentationen.

Die Möglichkeiten der Datenanalyse mit dem Programm Unternehmensanalyse sind vielfältig. Neben der Datenanalyse mit Hilfe des Gliederungsschematas nach HGB steht die Analyse mittels betriebswirtschaftlicher Schemata im Vordergrund. Im Mittelpunkt steht dabei das Analysesystem MIDIAS (Management-Informations- und Diagnosesystem). Dabei wird insbesondere eine Prüfung der Erfolgslage und eine Prüfung der Finanzlage vorgenommen. Im Einzelnen werden die in *Abbildung 35* dargestellten Analysefelder untersucht. Dabei können

(1) Zeitvergleiche

(2) Strukturvergleiche und

(3) Mandantenvergleiche

mit Hilfe von

(1) Absolutwert

(2) Änderungen absolut

(3) Änderungen in Prozent

(4) Indexwerten und

(5) Prozentwerten

vorgenommen werden. *Graphiken* in Form von Säulen- und Balkendiagrammen unterstützen die Auswertung der Ergebnisse, sowie die Möglichkeit der Aufbereitung als PowerPoint Präsentation.

Prüfung	Analysefelder
Erfolgslage	Kurzbericht zum Erfolg ABC-Analyse zum Aufwand und Ertrag Erfolgsanalyse (MIDIAS) Erfolgsanalyse (BILANZ) Return on Investment-Rechnung Wertschöpfungsrechnung Kennzahlen zur Rentabilität Kennzahlen zur Produktivität
Finanzlage	Kurzbericht zur Finanzlage Bilanzstrukturanalyse/Wachstum Finanzflussanalyse nach HFA 1/95 Finanzflussanalyse nach DRS 2 Kennzahlen zur Finanz- und Liquiditätsstruktur Kennzahlen zum Cash Flow
Frühwarnsystem	unterjährige Überwachung der wirtschaftlichen Lage

Abbildung 35: Prüfung und Analysefelder

Zur *Ermittlung der Werte* kann, sofern die Jahresabschlussdaten bereits erfasst sind, direkt auf die gespeicherten Daten zurückgegriffen werden, so dass eine eigene Eingabe entfällt. Für eine Fortschreibung bzw. Planung stehen diese Daten direkt zur Verfügung. Das Finanzbuchhaltungsprogramm ist mehrplatzfähig und kann mit ergänzenden DATEV-Produkten genutzt werden, u.a. Kostenrechnung, Anlagenbuchhaltung, Zahlungsverkehr, Warenwirtschaft.

Mittels einer in Zusammenarbeit mit Prof. Leker entwickelten Insolvenzprognose, die auf Basis empirischer Daten mittelständischer Unternehmen entwickelt wurde, besteht die Möglichkeit, eine drohende Krise/Insolvenz rechtzeitig zu erkennen. Die dabei ermittelte Einjahres-Ausfallwahrscheinlichkeit wird auf die sechsstufige IFD-Ratingskala (IFD: Initiative Finanzstandort Deutschland) abgetragen.

Besonders hervorzuheben ist das Zusatzmodul Ratingreport Banken. Damit können die Abschlüsse nach den Analyseschemata von Kreditinstituten ausgewertet werden. Derzeit stehen die Schemata für folgende Kreditinstitute zur Verfügung:

(1) Commerzbank
(2) Deutsche Bank
(3) Dresdner Bank
(4) HypoVereinsbank
(5) Sparkassen
(6) Volks- und Raiffeisenbanken - GENO-FBS

Weiterhin bietet die DATEV auch ein eigenes DATEV Rating-System mit Branchenmarks an, das neben Analysen auch Berichte mit und ohne Noten erstellen kann. Darüber hinaus stellt die DATEV ihren Mitgliedern mit dem BBR-Baetge-Bilanz-Rating BP-14 und dem Creditreform Bilanzscore/-rating auch weitere Insolvenzprognoseinstrumente zur Verfügung.

Die *Abbildung 36*, *Abbildung 37* und *Abbildung 38,* die dem Buch Hauschildt, Erfolgs- Finanz- und Bilanzanalyse entnommen sind, sollen den Aufbau und die Verfahrensweise des Systems verdeutlichen.

VII. KENNZAHLEN-SYSTEME AUS DER BETRIEBLICHEN SICHT

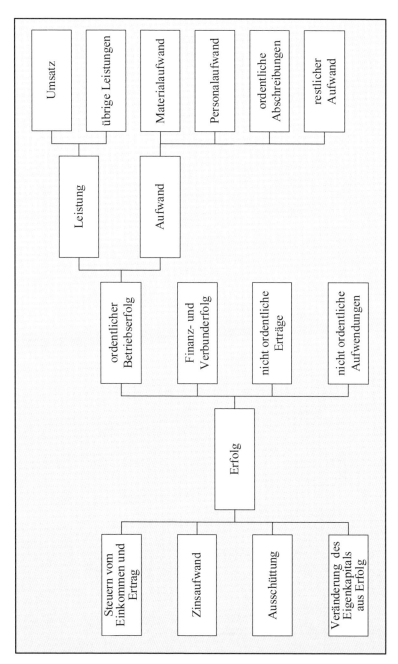

Abbildung 36: Erfolgsanalyse (Kapitalgesellschaften, Gesamtkostenverfahren)

154 VII. KENNZAHLEN-SYSTEME AUS DER BETRIEBLICHEN SICHT

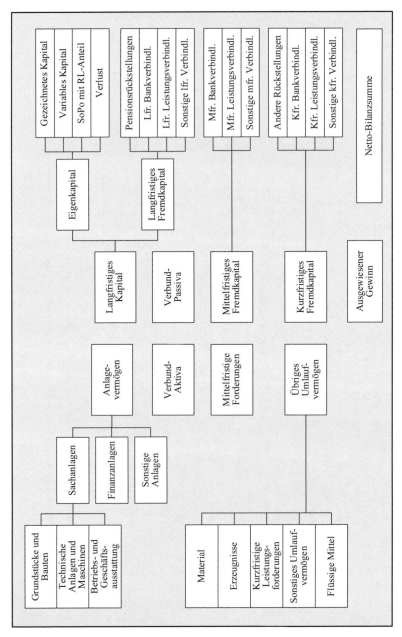

Abbildung 37: Bilanzstrukturanalyse (Kapitalgesellschaften)

VII. KENNZAHLEN-SYSTEME AUS DER BETRIEBLICHEN SICHT

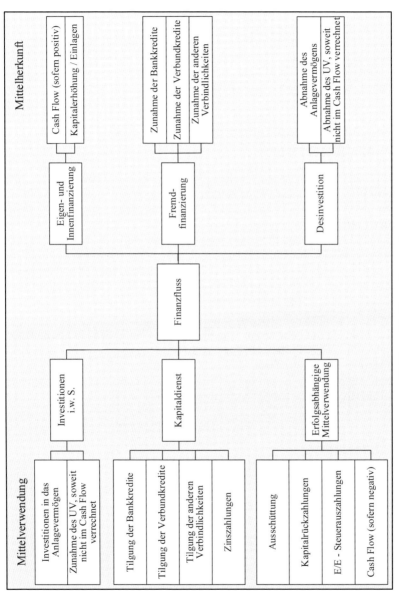

Abbildung 38: Finanzflussanalyse

Literaturhinweise

DATEV eG, Hochschulmusterfall Müller & Thurgau GmbH, Planspiel »Praxisgerechte Steuerberatung«, Nürnberg 2004
DATEV eG, DATEV-Rating-System, 4. Aufl., Nürnberg 2008
Hauschildt, J.: Erfolgs-, Finanz- und Bilanz-Analyse, 3. Aufl., Köln 1996

4. Rentabilitäts- und Liquiditätsorientiertes Kennzahlen-System

Die meisten Kennzahlen-Systeme stellen eine so genannte Spitzenkennzahl, die das Unternehmensziel repräsentieren soll, in den Mittelpunkt ihrer Betrachtungen. Sie gehen also von *einem* vorrangigem Unternehmensziel (= Monoziel-System) aus. In der Entscheidungstheorie und auch in der Praxis werden jedoch *mehrere* Unternehmensziele (= Multiziel-Systeme) gleichzeitig verfolgt. Um die geschilderten Mängel zu beseitigen, wurde von Reichmann und Lachnit ein Kennzahlen-System entwickelt, das im allgemeinen Teil zwei gleichrangige Ziele, nämlich die Rentabilität und die Liquidität, enthält. Neben diesem allgemeinen Teil wird in einem Sonderteil das Betriebsergebnis analysiert.

Mit Hilfe dieses Kennzahlen-Systems soll die Unternehmensleitung ein Führungsinstrument besitzen, mit dem sie das Unternehmen gesamtbetrieblich lenken kann. Dies geschieht mit den Größen »Erfolg« und »Liquidität« und der sie beeinflussenden Faktoren durch eine Planung, Steuerung und Kontrolle. Es verknüpft die wichtigsten Kennzahlen aus den Bereichen Kostenrechnung und Finanzplanung. Diese Verbindung ist bei allen Kennzahlen sachlogisch, nicht rechentechnisch.

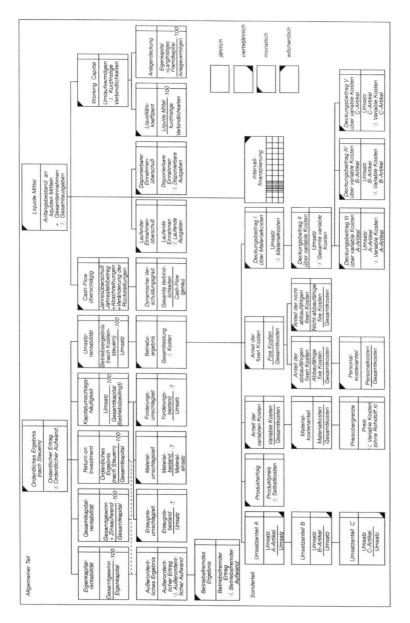

Abbildung 39: Das RL-Kennzahlensystem

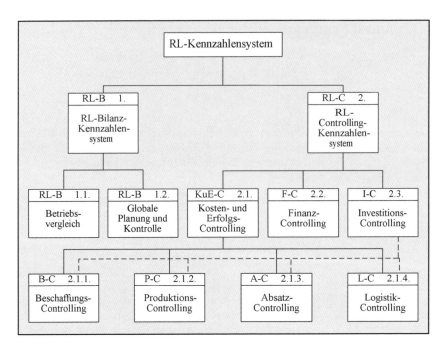

Abbildung 40: Das erweiterte RL-Kennzahlensystem

Literaturhinweise

Coenenberg, A. G., Haller, A., Schultze, W., Jahresabschluss und Jahresabschlussanalyse, 21. Aufl., Stuttgart 2009, S. 1153 ff.
Gladen, W., Performance Measurement, 4. Aufl., Wiesbaden 2008, S. 90 ff.
Horvath, P., Controlling, 11. Aufl., München 2011, S. 516 ff.
Reichmann, Th.: Kennzahlensysteme, in: HWB, 5. Aufl., Stuttgart 1993, Sp. 2159 ff.
Reichmann, Th., Controlling mit Kennzahlen und Management-Tools, 7. Aufl., München 2006, u.a. S. 66 ff.

5. Balanced Scorecard

Die bisher beschriebenen Kennzahlen-Systeme sind grundsätzlich Rechen-Systeme und orientieren sich an finanziellen Größen, insbesondere Daten aus dem Jahresabschluss. Sie vernachlässigen qualitative Merkmale, die mit den quantitativen Daten in einem Ursachen-Wirkungszusammenhang stehen und dadurch nicht sichtbar werden. Mit der Balanced Scorecard (= ausgewogenes Kennzahlen-System, ausgewogener Zielbogen) versuchen Kaplan/Norton, ein *ganzheitliches Instrument* zur zielorientierten und strategischen Unternehmensführung zu entwickeln (vgl. *Abbildung 41*), in dem alle Ursachen-Wirkungsverhältnisse abgebildet werden sollen.

Die *Finanzperspektive* stellt ein Oberziel für die anderen Gesichtspunkte dar. Dabei können finanzwirtschaftliche Ziele, aber auch Ertragsziele und die Steigerung des Shareholder Value angestrebt werden.

Die *Kundenperspektive* zeigt die Verbindung mit dem Absatzmarkt auf. Dabei können gezielt die bereits oben genannten Kennzahlen eingesetzt werden, z.B. Marktanteil, Kundenzufriedenheit.

Die *interne Geschäftsprozessperspektive* zeigt die Prozesse der Beschaffung, Produktion und des Absatzes auf und soll diese optimieren. Informative Kennzahlen aus diesen Bereichen sind auszuwählen, um eine entsprechende Prozesssteuerung zu ermöglichen.

Die *Lern- und Entwicklungsperspektive*, oft auch als Innovations-, Mitarbeiter-, und Wissensperspektive bezeichnet, soll die Infrastruktur des Unternehmens abbilden. Sie dient dem langfristigen Wachstum, der Erhaltung und Verbesserung der Marktstellung und soll auch die Mitarbeiterbeziehungen und deren Effizienz beinhalten.

Die konkrete Ausgestaltung der Berichtsbogen hängt neben den spezifischen Merkmalen des Unternehmens auch vom Ersteller ab und muss letztlich bis auf die Segmente des Unternehmens heruntergebrochen werden.

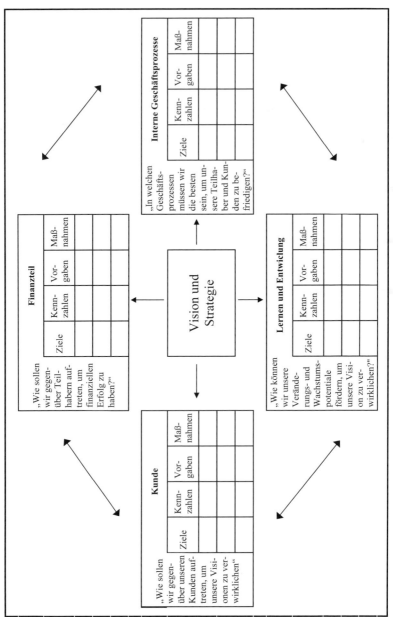

Abbildung 41: Perspektiven der Balanced Scorecard

Literaturhinweise

Gladen, W., Performance Measurement, 4. Aufl., Wiesbaden 2008, S. 395 ff.
Graumann, M., Controlling, 3. Aufl., Düsseldorf 2011, S. 169 ff.
Kaplan, R.S., Norton, D.P., Balanced Scorecard: Strategien erfolgreich umsetzen, Stuttgart 1997
Horvath, P., Controlling, 11. Aufl., München 2011, u.a. S. 199 ff.
Horvath und Partner (Hrsg.), Balanced Scorecard umsetzen, 4. Aufl., Stuttgart 2007
Peemöller, V., Controlling, 5. Aufl., Herne/Berlin 2005, S. 168, 190 ff.
Sasse, A., Engel, A., Qualitätscontrolling mit der Balanced Scorecard, in: BBK 2001, S. 1005 ff.
Wöhe, G., Einführung in die allgemeine Betriebswirtschaftslehre, 24. Aufl., München 2010, S. 211 ff.
Wolf, K., Risikomanagement im Kontext der wertorientierten Unternehmensführung, Wiesbaden 2003, S. 85 ff.

VIII. Wertorientierte Unternehmensführung

1. Ziele

Das klassische oder traditionelle Ziel unternehmerischen Handelns in der Marktwirtschaft wird mit „langfristiger Gewinnmaximierung" umschrieben. Dieses für alle Unternehmen geltende Prinzip wird bei kapitalmarktorientierten Unternehmen präzisiert und als „Steigerung des Unternehmungswerts" oder „Maximierung des Shareholder Value" bezeichnet. Der Wert aus Sicht des Eigentümers als Aktionär, Gesellschafter oder Einzelunternehmer ist das Objekt der Analyse bzw. der Ermittlung.

Zur Messung des Shareholder Value wird die interne Verzinsung des Kapitals aufgrund ihrer Erträge mit der Verzinsung einer alternativen externen Anlage unter Berücksichtigung des Risikos verglichen. Liegt die interne Verzinsung, in der Regel mit „r" bezeichnet, über der externen Verzinsung, in der Regel mit „i" bezeichnet, wurde eine Steigerung des Shareholder Value erreicht. Dies lässt sich sowohl prozentual als auch in einer absoluten Zahl (= Erhöhung des Shareholder Value, Mehrwert) errechnen. Zur Erreichung einer Wertsteigerung ist somit eine sog. Überrendite erforderlich.

> Erhöhung Shareholder Value/Mehrwert − Kapital x r > Kapital x i

2. Verfahren

a) Discounted Cash Flow (DCF)

Diese Methode wurde zuerst in den USA, insbesondere von Rappaport, entwickelt. Die DCF-Methode versucht, den Unternehmenswert durch Abzinsung/Diskontierung von erwarteten, zukünftigen Cash Flows zu ermitteln. Dabei wird im Rahmen der unternehmerischen Planungen und Entscheidungen daran gearbeitet, den Unternehmenswert oder Shareholder Value zu steigern bzw. zu erhöhen. Die positive Differenz zwischen zwei Werten wird als Shareholder Value Added (SVA) bezeichnet. Rappaport zeigt die Zusammenhänge zwischen den einzelnen Komponenten graphisch auf, vgl. dazu *Abbildung 42*.

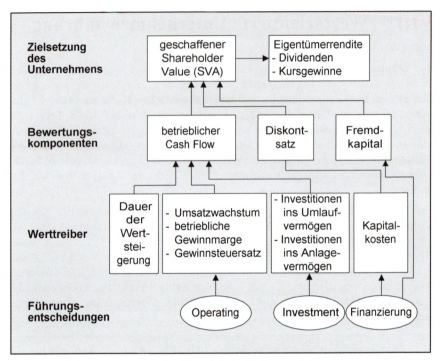

Abbildung 42: Komponenten des Shareholder Value nach Rappaport

Anhand der oben gezeigten Abbildung soll der *Verfahrensablauf* und die *Zusammenhänge* erläutert werden.

(1) Führungsentscheidungen

Das Management trifft die Entscheidungen zur Realisierung der Unternehmungsziele. Der Prozess der Planung vollzieht sich dabei in bestimmten Handlungsphasen (vgl. dazu S. 29) und mit Hilfe bestimmter im Unternehmen installierter Informations-Systeme bzw. -instrumenten. Dazu gehört auch eine Plan-Gewinn- und Verlustrechnung, aus der auch später der Cash Flow nach der indirekten Methode ermittelt wird. Es handelt sich somit nur näherungsweise um eine Einnahmen-Ausgaben-Rechnung mit entsprechenden Ungenauigkeiten. Außerdem ist sie noch behaftet mit dem Problem der Unsicherheit der Planung für die zugrunde gelegte Zeit. Dabei steigt das Risiko mit der Länge des Planungshorizonts.

Von Rappaport werden dabei ausdrücklich die Bereiche Operating, Investment und Finanzierung hervorgehoben. Es handelt sich um eine nicht abschließende Aufzählung.

Der Planungszeitraum wird dabei auf fünf bis zehn Jahre begrenzt. Für die Zeit danach wird dann ein unveränderter Betrag zugrunde gelegt, der dann als ewige Rente in die Berechnung eingeht.

(2) Werttreiber

Die Werttreiber sind letztlich die Faktoren, die den Unternehmenswert über den Cash Flow beeinflussen. Rappaport nennt dabei

- Umsatzwachstum
- Gewinnmarge
- Investitionen ins Umlaufvermögen
- Investitionen ins Anlagevermögen und die
- Kapitalkosten.

Dabei müssen unternehmungsindividuelle und/oder branchenspezifische Werttreiber ggf. zusätzlich mit in die Berechnung einbezogen werden. Bei größeren Unternehmen bzw. Konzernen werden diese nach Sparten oder Geschäftsfeldern segmentiert, weil hierfür unterschiedliche Risiko- und Chancen- Strukturen zu beachten sind.

(3) Komponenten

Das Ergebnis der unternehmerischen Planungen usw. schlägt sich in den Komponenten nieder, mit deren Hilfe der Shareholder Value ermittelt wird. Nach der obigen *Abbildung 42* sind dies der betriebliche Cash Flow, der Diskontsatz und das Fremdkapital.

Der Cash Flow ergibt sich aus den oben genannten Werttreibern. Der Diskontsatz ist der risikoorientierte Kapitalisierungszinssatz. Durch die Abzinsung der Cash Flows bezogen auf den Planungszeitraum und die Addition des Betrages aus der ewigen Rente ergibt sich der Bruttobetrag, der noch um das Fremdkapital zu reduzieren ist.

	Abgezinste Cash Flows
+	Betrag aus ewiger Rente
=	Bruttobetrag
./.	Fremdkapital
=	Shareholder Value

(4) Shareholder Value Added

Durch den Vergleich des Shareholder Value mit dem des Vorjahres lässt sich die Unternehmenswertsteigerung oder -minderung ermitteln. Das Management muss im Rahmen des Planungsprozesses versuchen, alternative Strategien zur Steigerung des Shareholder Value Added zu finden. Dabei sind die Wertreiber zu verwenden, die die größte Wirkung entfalten.

Es darf nicht übersehen werden, dass im Rahmen eines schnell sich verändernden wirtschaftlichen Umfeldes und der damit verbundenen Unsicherheit der Planungen nur Näherungslösungen gefunden werden können.

b) Cash Flow Return on Investment (CFROI)

Es handelt sich um eine zahlungsstromorientierte Rentabilitätsgröße, also nicht um eine absolute Zahl. Sie wird mit Hilfe der *Methode des internen Zinsfußes* ermittelt, bei der die Rendite eines Investitionsobjektes bei einem Kapitalwert von Null errechnet wird. Der so errechnete interne Zinsfuß „r" wird dann mit dem selbst gewählten Kalkulationszinsfuß „i" verglichen, um die Vorteilhaftigkeit bzw. Unvorteilhaftigkeit der Investition erkennen zu können. Es ist somit ein *Verfahren der dynamischen Investitionsrechnung*.

Bei der Ermittlung werden die vergangenheitsorientiert erwirtschafteten Brutto-Cash Flows (= BCF) sowie der Veräußerungserlös nicht betriebsnotwendiger Vermögenswerte (= VE) und dessen Nutzungsdauer (= T) ins Verhältnis zum investierten Kapital, Bruttoinvestitionsbasis (= BIB), gesetzt.

Bei der Ermittlung des Cash Flows (= CFROI) wird die Verwendung des Ergebnisses nach DVFA/SG, korrigiert um außerordentliche und aperiodische Posten, und der Addition von Abschreibungen auf das abnutzbare Sachanlagevermögen und Fremdkapitalzinsen einschließlich Miet- und Leasingaufwendungen, vorgeschlagen.

Daraus ergibt sich folgende Formel

$$0 = ./.\ BIB + \sum \frac{BCF_t}{(1+CFROI)_t} + \frac{VET}{(1+CFROI)^T}$$

Dies bedeutet, dass die Bruttoinvestitionsbasis (= BIB) und die Summe aus den Brutto-Cash Flows (= BCF) und dem Veräußerungswert des nicht betriebsnotwendigen Vermögens identisch sein müssen.

Die Ermittlung des Zinsfußes muss iterativ, also schrittweise, als Näherungslösung erfolgen.

c) Economic Value Added (EVA)

Der positive Unterschiedsbetrag zwischen dem (modifizierten) Unternehmungsergebnis und den dafür benötigen Kosten des Kapitals ist der Economic Value Added.

$$EVA = \text{Unternehmungsergebnis} ./.\ \text{Kapitalkosten}$$

Die wesentlichen Elemente werden aus dem Jahresabschluss entnommen und dem Aussageziel entsprechend modifiziert:

- Unternehmungsergebnis
  (NOPAT = Net Operating Profit After Tax)
  Umsatzerlöse
  ./. Operativer Aufwand nach Steuern und vor Zinsen

  Anstelle des NOPAT wird auch der EBIT (Earnings before interest and taxes/Ergebnis vor Zinsen und Steuern) verwendet.

- Betriebsnotwendiges Vermögen,
  abgeleitet aus der Schlussbilanz als zu verzinsendes Kapital

- Kalkulationszinsfuß

bei der üblichen Finanzierung mit Eigen- und Fremdkapital als gewichteter Mischzinssatz i_G, wobei die i_E Mindestverzinsung der Eigenkapitalgeber und i_F der Kostensatz für das Fremdkapital darstellt.

Aus diesem Datensatz lässt sich ein *rechentechnisch verknüpftes Kennzahlen-System* entwickeln, wie in der nachstehenden *Abbildung 43* gezeigt wird.

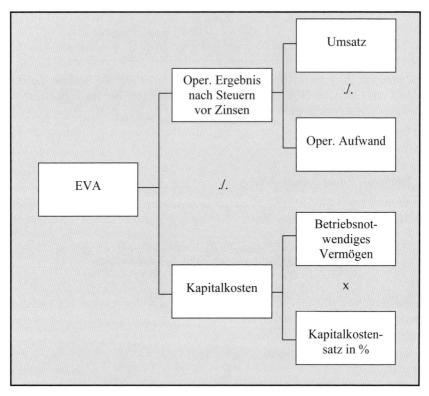

Abbildung 43: EVA-System

Dieses Basis-System lässt sich bezüglich der zentralen Größen Umsatz und operativer Aufwand weiter aufspalten, z.B. nach Geschäftsfeldern, Produktarten, Aufwandsarten, geographischen Märkten. Gleiches gilt für das nicht betriebsnotwendige Vermögen und den Kapitalkostensatz.

Alle in diesem Buch gemachten Ausführungen zu rechentechnisch verknüpften Kennzahlen-Systemen, insbesondere S. 25 ff., gelten auch für das EVA-System. Es entspricht im Aufbau im Grundsätzlichen dem DuPont-System of Financial Control bzw. dem ROI-System. Auf die dazu gemachten Ausführungen auf S. 143 wird auch verwiesen.

VIII. WERTORIENTIERTE UNTERNEHMENSFÜHRUNG 169

3. Einsatzmöglichkeiten

a) Discounted Cash Flow (DCF)

Die *DCF-Methode* bezieht Plangrößen, also zukünftige Einnahmeüberschüsse, über einen Zeitraum von fünf bis zehn Jahren individuell periodenbezogen und entsprechender Abzinsung in die Ermittlung ein. Die danach geplanten Einnahmeüberschüsse werden in einem gleichen Betrag als ewige Rente errechnet und auf den Basiszeitpunkt abgezinst. Es handelt sich somit um einen *Zukunftserfolgswert* und ein *Mehrperiodenmodell*. Die zugrunde liegenden Parameter sind wegen der sich im Zeitablauf wandelnden ökonomischen Verhältnisse mit erheblichen Risiken und Unsicherheiten behaftet, die zu erheblichen Abweichungen führen können.

In der Praxis wird die DCF-Methode als klassisches *Instrument der Unternehmensbewertung*, neben dem als gleichwertig angesehenen Ertragswert-Verfahren, eingesetzt. Ein direkter Bezug zur unternehmerischen Planung im Rechnungswesen bzw. Controlling mit einer Plan-Gewinn- und Verlustrechnung (und einer darauf aufbauenden Kostenrechnung) und einer Plan-Bilanz mit den Größen Ertrag/Aufwand bzw. Vermögen/Kapital besteht nicht. Deshalb wird dieses Verfahren in der Praxis selten zur Steuerung von Unternehmen eingesetzt.

b) Cash Flow Return on Investment (CFROI)

Der *CFROI* ist eine relativ abstrakte Prozentzahl, die mit Hilfe einer retrospektiven Cash Flow-Größe, deren Nachhaltigkeit für die gesamte zugrunde gelegte Zeitdauer unterstellt wird. Darin liegen erhebliche Risiken bei dessen Ermittlung und dessen Aussagekraft. Auch hier fehlen direkte Bezüge zum Planungs-System bzw. Rechnungswesen und Controlling der Unternehmen.

Der CFROI scheint daher wegen seiner Verwendung der internen Zinsfuß-Methode besser als *Instrument der dynamischen Investitionsrechnung* zur Ermittlung der Vorteilhaftigkeit einzelner Investitionen geeignet als zur Errechnung von Unternehmungswerten zu sein.

Ergänzend sei noch auf die Verwendung im Rahmen des Beteiligungscontrollings als *Projektstandsrechnung* hingewiesen.

c) Economic Value Added (EVA)

Die für das einperiodige *EVA-Modell* benötigten Daten, nämlich Umsatz, operativer Aufwand und betrieblich notwendiges Vermögen, müssen im Rahmen der Buchführung zur Erstellung des handels- bzw. steuerlichen Jahresabschlusses aufgezeichnet werden. Lediglich der Kapitalkostensatz ist separat, aber leicht ermittelbar. Durch diese Nähe zu bereits vorhandenen Daten eignet sich dieses Instrument zu *Kontrollzwecken*. Wegen der rechentechnischen Verknüpfung lassen sich Ursachen-Wirkungs-Zusammenhänge herausarbeiten und werden sichtbar (vgl. dazu auch oben u.a. S. *25*). Durch eine getrennte Ermittlung von EVA-Werten für jede einzelne Sparte bzw. jedes Segment lässt sich der jeweilige Beitrag zum EVA-Wert des gesamten Unternehmens aufzeigen. Auch im Rahmen eines Konzerns können die Beiträge für jedes einzelne zum Konsolidierungskreis gehörende Konzernunternehmen, ggf. mit weiterer Unterteilung, mit allen Ausgangsdaten dokumentiert und danach analysiert werden.

Das EVA-Modell eignet sich auch als *Planungs- und Steuerungsinstrument*, insbesondere im kurz- und mittelfristigen Bereich (bis zu fünf Jahre). Es kann als rollierendes Verfahren fortgeschrieben und entsprechend den oben genannten Gesichtspunkten determiniert werden.

In *Abbildung 44* wird versucht, dies zu verdeutlichen. Die einzelnen Komponenten sind Stellschrauben zur Planung und Kontrolle, also zur Steuerung.

Auch als *erfolgsorientiertes Vergütungsinstrument* für das Management kann das EVA-Modell verwendet werden. Vor allem die Größe Umsatz, operativer Aufwand und betriebsnotwendiges Vermögen lassen sich durch die Motivation der Mitarbeiter im Sinne des Unternehmens beeinflussen. Durch Zielvereinbarungen mit dem Management, ggf. allen Mitarbeitern, decken sich deren Interessen mit denen der Eigentümer bzw. Kapitalgeber.

Zur Implementierung einer wertorientierten Unternehmensführung ist nach Coenenberg/Salfeld ein „umfassendes strategisches Handlungsprogramm" notwendig, das alle *vier Wertsteigerungshebel* umfasst:

(1) Wachstum
  (u.a. neue Technologien und Produkte, neue Absatzgebiete, Vertriebskanäle)
(2) Operative Exzellenz
  (Optimierung wesentlicher unternehmerischer Prozesse, Wettbewerberperspektive, Benchmarking)
(3) Finanz- und Vermögensstruktur
  (Reduktion des Kapitalbedarfs, Kapazitätsauslastung, Senkung der Kapitalkosten)
(4) Portfoliosteuerung
  (Selektion der geschäftlichen Aktivitäten, Gestaltung der Unternehmungs- bzw. der Konzernstruktur).

Abbildung 45 zeigt den Ablauf des wertorientierten Controllings auf.

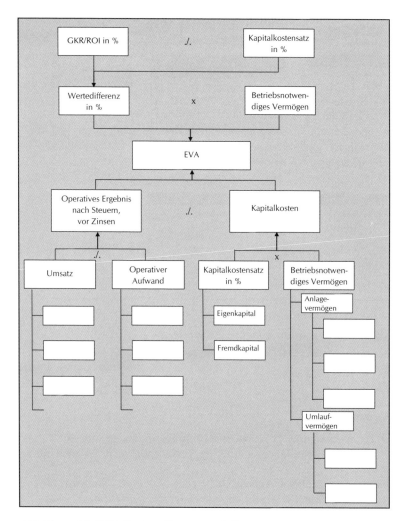

Abbildung 44: EVA-System-Gesamtmodell

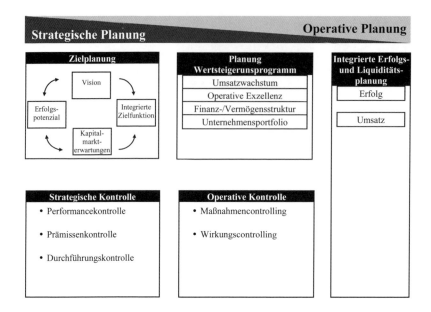

Abbildung 45: Ablauf des wertorientierten Controllings
Quelle: Coenenberg/Salfeld, Wertorientiertes Controlling, 2. Aufl., Stuttgart 2007, S. 253

Literaturhinweise

Britzelmaier, B., Wertorientierte Unternehmensführung, Ludwigshafen 2009
Burger, A., Ulbrich, P., Beteiligungscontrolling, 2. Aufl., München/Wien 2010, u. a. S. 487 ff.
Busse v. Colbe, u.a., Ergebnis je Aktie nach DVFA/SG, 3. Aufl., Stuttgart 2000
Coenenberg, A. G., Salfeld, R., Wertorientierte Unternehmensführung, 2. Aufl., Stuttgart 2007
Drukarczyk, J., Schüler, A., Unternehmensbewertung, 6. Aufl., München 2009
Graumann, M., Controlling, 3. Aufl., Düsseldorf 2011, S. 702 ff.
Institut der Wirtschaftsprüfer, Grundsätze zur Durchführung von Unternehmensbewertungen (IDW S 1), in: WPg Supplement 3/2008, S. 271
Littkemann, J. Beteiligungscontrolling, Band I und II, 2. Aufl., Herne 2009
Pape, U., Wertorientierte Unternehmensführung und Controlling, 4. Aufl., Sternenfels 2010

Peemöller, V. (Hrsg.), Praxishandbuch der Unternehmensbewertung, 4. Aufl., Herne 2009

Peemöller, V., Controlling, 5. Aufl., Herne/Berlin 2005, S. 168 ff.

Quick, R., Kayadelen, E., Flashaar-Bloedorn, M., Kennzahlengestütztes Value Added Reporting in der Geschäftsberichtspublizität der Eurostoxx-50-Unternehmen, in: WPg 2008, S. 156 ff.

Rappaport, A., Shareholder Value, 2. Aufl., Stuttgart 1999

Weber, J. Erfahrungen mit wertorientierter Steuerung, in: DB 2009, S. 297 ff.

Wöhe, G., Einführung in die allgemeine Betriebswirtschaftslehre, 24. Aufl., München 2010, u.a. S. 190 ff.

Wolf, K., Risikomanagement im Kontext der wertorientierten Unternehmensführung, Wiesbaden 2003, insbes. S. 26 ff.

Literaturverzeichnis

Literatur seit 1990

Baetge, J., Kirsch, H.-J., Thiele, S., Bilanzanalyse, 2. Aufl., Düsseldorf 2004
Bamberg, G., Baur, F., Krapp, M., Statistik, 15. Aufl., München-Wien 2009
Berthel, J., Informationsbedarf, in: HWO, 3. Aufl., Stuttgart 1992, Sp. 872 ff.
Blohmer, R., Bernhard, M., Balance Scorecard in der IT, Düsseldorf 2003
Boguslanski, A.v., Ardelt, B. (Hrsg.), Substainable Balanced Scorecard, Eschborn 2005
Böhler, H., Früherkennungssysteme, in: HWB, 5. Aufl., Stuttgart 1993, Sp. 1256 ff.
Botta, V., Kennzahlensysteme als Führungsinstrumente, 5. Aufl., Berlin 1997
Botta, V. (Hrsg.), Rechnungswesen und Controlling, 2. Aufl., Herne/Berlin 2002
Britzelmaier, B. Wertorientierte Unternehmensführung, Ludwigshafen 2009
Burger, A., Ulbrich, P., Ahlemeyer, N., Beteiligungscontrolling, 2. Aufl., München/Wien 2010
Busse v. Colbe, Becker, Berndt, Geiger, Haase, Schellmoter, Schmitt, Seeberger, v. Wysocki, Ergebnis je Aktie nach DVFA/SG, 3. Aufl., Stuttgart 2000
Chwolka, A., Informationsbedarf, in: HWU, 4. Aufl., Stuttgart 2002, Sp. 723 ff.
Coenenberg, A. G., Haller, A., Schultze, W., Jahresabschluss und Jahresabschlussanalyse, 21. Aufl., Stuttgart 2009
Coenenberg, A. G., Safeld, B., Wertorientierte Unternehmensführung, 2. Aufl. Stuttgart 2009
CP CORPORATE PLANNING AG, Alles aus einem Guss, Unternehmenssteuerung, Hamburg 2010
DATEV eG, Hochschulmusterfall Müller & Thurgau GmbH, Planspiel „Praxisgerechte Steuerberatung", Nürnberg 2004
DATEV eG, DATEV-Rating-System, 4. Aufl., Nürnberg 2008
Dellmann, K., Ziele der Unternehmung, in: HWR, 3. Aufl., Stuttgart 1993, Sp. 2245 ff.
Dellmann, K., Kennzahlen und Kennzahlen-Systeme, in: HWU, 4. Aufl., Stuttgart 2002, Sp. 940 ff.
Drukarczyk, J., Schüler A., Unternehmensbewertung, 6. Aufl., München 2009
Ebert, G., Kennzahlen, Landsberg 1999
Friedag, H., Schmidt, W., Balanced Scorecard, 3. Aufl., Freiburg 2007
Frieling, H., Farbe hilft verkaufen, Farbenlehre und Farbenpsychologie für Handel und Werbung, 4. Aufl., Northeim-Zürich 2005
Gemünden, H. G., Information, Bedarf, Analyse und Verhalten, in: HWB, 5. Aufl., Stuttgart 1993, Sp. 1725 ff.

Gladen, W., Performance Measurement, 4. Aufl., Wiesbaden 2008
Gräfer, H., Schneider, G., Bilanzanalyse, 11. Aufl., Herne 2010
Graumann, M., Controlling, 3. Aufl., Düsseldorf 2011
Griese, J., Informationssysteme, computergestützte, in: HWB, 5. Aufl., Stuttgart 1993, Sp. 1767 ff.
Groll, K.-H., Kennzahlensystem zur Bilanzanalyse, 2. Aufl., München, Wien 2004
Hachmeister, D., Kennzahlensysteme, in: HWB, 6. Aufl., Stuttgart 2007, Sp. 887 ff.
Hahn, D., Hungenberg, H., PuK-Controllingkonzepte, 6. Aufl., Wiesbaden 2001
Hannig, U., Data Warehouse und Managementinformationssysteme, Stuttgart 1996
Hartung, J., Elpelt, B., Klösener, K.-H., Statistik, 15. Aufl., München, Wien 2009
Hauschildt, J., Leker, J., Krisendiagnose durch Bilanzanalyse, 2. Aufl., Köln 2000
Hauschildt, J., Erfolgs-, Finanz- und Bilanzanalyse, 3. Aufl., Köln 1996
Haussmann, F., Entscheidungsmodelle und Entscheidungskriterien, in: HWB, 5. Aufl., Stuttgart 1993, Sp. 896 ff.
Heinrich,, L., Informationsmanagement, in: HWB, 5. Aufl., Stuttgart 1993, Sp. 1749 ff.
Helbling, C., Bilanz- und Erfolgsanalyse, 10. Aufl., Bern/Stuttgart/ Wien 1997
Holland, H., Scharnbacher, K., Grundlagen der Statistik, 8. Aufl., Wiesbaden 2010
Homburg, C., Stephano, J., Haupt, M., Risikomanagement unter Nutzung von Balanced Scorecard, in: DB 2005, S. 1069 ff.
Horvath, P., Controlling, in: HWR, 3. Aufl., Stuttgart 1993, Sp. 322 ff.
Horvath und Partner (Hrsg.), Balanced Scorecard umsetzen, 4. Aufl., Stuttgart 2007
Horvath, P., Controlling, 11. Aufl., München 2011
Hunziker, A., Scheerer, Fr., Betriebe brauchen Betriebsstatistik, Stuttgart 1991
Institut der Wirtschaftsprüfer, Grundsätze zur Durchführung von Unternehmensbewertungen (IDW S 1), in: WPg Supplement 3/2008, S. 271.
Joos-Sachse, Th., Controlling, Kostenrechnung und Kostenmanagement, 4. Aufl., Wiesbaden 2007
Kaplan, R. S., Norton, D.P., Balanced Scorecard: Strategien erfolgreich umsetzen, Stuttgart 1997
Kern, W., Break-even-Analyse, in: HWR, 3. Aufl., Stuttgart 1993, Sp. 261 ff.
Kirsch, W., Seidl, D., Steuerungstheorie, in: HWO, 4. Aufl., Stuttgart 2004, Sp. 1365 ff.
Kralicek, P., Böhmdorfer, F., Kralicek, G., Kennzahlen für den Geschäftsführer, 5. Aufl., Landsberg 2008
Krämer, W., So lügt man mit Statistik, 2. Aufl., Frankfurt 2001
Krämer, W., So lügt man mit Statistik, München 2011

Krystok, V., Benchmarking, in: HWO, 4. Aufl., Stuttgart 2004, Sp. 79 ff.
Küpper, H.-U., Controlling, in: HWB, 5. Aufl., Stuttgart 1993, Sp. 647 ff.
Küpper, H.-U., Controlling, 5. Aufl., Stuttgart 2008
Küppers, H., Das Grundgesetz der Farbenlehre, Köln 2010
Küting, Kh., Weber, C.-P., Boecker, C., Die Bilanzanalyse, Beurteilung von Abschlüssen nach HGB und IFRS, 9. Aufl., Stuttgart 2009
Liebetruth, Th.., Otto, A., Ein formales Modell zur Auswahl von Kennzahlen, in: Controlling 2006, S. 13 ff.
Littkemann, J. (Hrsg.), Beteiligungscontrolling, Band I und II, 2. Aufl., Herne 2009
Meyer, C., Der Geschäftsbericht – ein Leitfaden für Aufstellung, Gestaltung und Offenlegung, 2. Aufl., Stuttgart 1997
Meyer, C., Der Rechenschaftsbericht des GmbH-Geschäftsführers, in: DB 1999, S. 1913 ff.
Meyer, C., Die Kunden-Bilanzanalyse der Kreditinstitute, 2. Aufl., Stuttgart 2000
Meyer, C., Die Jahresabschlussauswertung führender deutscher Kreditinstitute – ein Vergleich des Analyse-Instrumentariums der Jahre 1990 und 2000, in: DB 2000, S. 2485 ff.
Meyer, C., Bilanzierung nach Handels- und Steuerrecht unter Einschluss der Konzernrechnungslegung und der internationalen Rechnungslegung, 22. Aufl., Herne 2011
Meyer, J.-A., Visualisierung von Informationen, Wiesbaden 1999
Morganski, B., Balance Scorecard, 2. Aufl., München 2003
Ossola-Haring, C., (Hrsg.), Das Handbuch Kennzahlen zur Unternehmensführung, 3. Aufl., Landsberg 2006
Nahlik, W., Praxis der Jahresabschlussanalyse, 2. Aufl., Wiesbaden 1993
Palloks, M., Kennzahlen, absatzwirtschaftliche, in: HWM, 2. Aufl., Stuttgart 1995, Sp. 1136 ff.
Pape, U., Wertorientierte Unternehmensführung und Controlling, 4. Aufl., Sternenfels 2010
Peemöller, V., Zielsystem, in: HWU, 4. Aufl., Stuttgart 2002, Sp. 2168 ff.
Peemöller, V. (Hrsg.), Praxishandbuch der Unternehmensbewertung, 4. Aufl., Herne 2009
Peemöller, V., Controlling, 5. Aufl., Herne/Berlin 2005
Pfohl, H. C., Zöllner, W., Effizienzmessung in der Logistik, in: DBW 1991, S. 323 ff.
Pinnekamp, H.-J., Siegmann, Fr., Deskriptive Statistik, 5. Aufl., München/Wien 2008
Probst, J., Die wichtigsten Kennzahlen für die Praxis, Kissing 2003

Quick, R., Kayadelen, E., Flashaar-Bloedorn, M., Kennzahlengestütztes Value Added Reporting in der Geschäftsberichtspublizität der Eurostoxx-50-Unternehmen, in: WPg 2008, S. 156 ff.

Radke, M., Die große betriebswirtschaftliche Formelsammlung, 11. Aufl., Landsberg 2001

Rappaport, A., Shareholder Value, 2. Aufl., Stuttgart 1999

Reichmann, Th., Controlling mit Kennzahlen und Management-Tools, 7. Aufl., München 2006

Reichmann, Th., Kennzahlensysteme, in: HWB, 5. Aufl., Stuttgart 1993, Sp. 2159 ff.

Reinermann, H., Kosten/Nutzen-Analyse, in: HWR, 3. Aufl., Stuttgart 1993, Sp. 1227 ff.

Riebell, C., Die Praxis der Bilanzauswertung, 9. Aufl., Stuttgart 2009

Sasse, A., Engel, A., Qualitätscontrolling mit der Balanced Scorecard, in: BBK 2001, S. 1005 ff.

Schade, S., Kennzahlengestütztes Controlling für mittelständische Unternehmenskooperationen, Frankfurt 2007

Scharnbacher, K., Statistik im Betrieb, 14. Aufl., Wiesbaden 2004

Schiemenz, B., Systemtheorie, betriebswirtschaftliche, in: HWB, 5., Aufl., Stuttgart 1993, Sp. 4128 ff.

Schmeisser, W., Clausen, L., Weiterentwicklung der Balanced-Scorecard-Finanzperspektive mittels Kapitalflussrechnung und Working-Capital-Management, in: DStR 2007, S. 917 ff., S. 964 ff.

Schott, G., Kennzahlen, Instrument der Unternehmensführung, 6. Aufl., Wiesbaden 1991

Schult, E., Bilanzanalyse, Unternehmensbeurteilung auf der Basis von HGB- und IFRS-Abschlüssen, 11. Aufl., Berlin 2010

Schulte, C., Personal-Controlling mit Kennzahlen, 3. Aufl., München 2011

Schwarze, J., Mathematik für Wirtschaftswissenschaftler, Band 1, 13. Aufl., Herne 2011

Seicht, D., Informationssystem-Controlling, in: HWR, 3. Aufl., Stuttgart 1993, Sp. 991 ff.

Seidel, E., Führungsmodelle, in: HWB, 5. Aufl., Stuttgart 1993, Sp. 1299 ff.

Siegwart, H., Reinecke, S., Sander, S., Kennzahlen für die Unternehmensführung, 7. Aufl., Bern 2009

Siegwart, H., Kontrollformen und Kontrollsysteme, in: HWB, 5. Aufl., Stuttgart 1993, Sp. 2255 ff.

Siener, Fr., Der Cash-Flow als Instrument der Bilanzanalyse, Stuttgart 1991

Sinz, E., Data Warehouse, in: HWU, 4. Aufl., Stuttgart 2002, Sp. 309 ff.

Statistisches Bundesamt, Tabellen; Tipps und Tricks zur Gestaltung von Tabellen, Wiesbaden 2004

Steinmüller, P., Riedel, G., Die neue Betriebsstatistik als Controlling-Instrument, 8. Aufl., Stuttgart 1996
Thome, R., EDV und Organisation, in: HWB, 5. Aufl., Stuttgart 1993, Sp. 848 ff.
Vodrazka, K., Vergleichsrechnungen, in: HWR, 3. Aufl., Stuttgart 1993, Sp. 1997 ff.
Vollmuth, H., Unternehmenssteuerung mit Kennzahlen, München 1999
Vollmuth, H., Zwettler, R., Kennzahlen, Best of-Edition, Freiburg 2008
Weber, J., Erfahrung mit wertorientierter Steuerung, in: DB 2009, S. 297 ff.
Weber, J., Schäffer, U., Balance Scorecard und Controlling, 3. Aufl., Wiesbaden 2000
Weber, J., Schäffer, U., Entwicklung von Kennzahlen-Systemen, in: BFuP 2000, S. 1 ff.
Weber, M., Kennzahlen, Unternehmen mit Erfolg führen, 3. Aufl., Freiburg 2002
Werheim, M., Schmitz, Th., Wertorientierte Kennzahlen, ein zusammenfassender Überblick, in: WiSt 2001, S. 495 ff.
Wiese, J., Implementierung der Balance Scorecard, Wiesbaden 2000
Witte, E., Entscheidungsprozesse, in: HWB, 5. Aufl., Stuttgart 1993, Sp. 910 ff.
Wöhe, G., Bilanzierung und Bilanzpolitik, 9. Aufl., München 1997
Wöhe, G., Einführung in die allgemeine Betriebswirtschaftslehre, 24. Aufl., München 2010
Wolf, K., Risikomanagement im Kontext der wertorientierten Unternehmensführung, Wiesbaden 2003
Wolf, K., Break-even-Analyse, Grundlagen und praktische Durchführung, in: BBK 2006, S. 1333 ff.
Zdrowomyslaw, N., Kasch, R., Betriebsvergleiche und Benchmarking für die Managementpraxis, München/Wien 2002
Zelazny, G., Wie aus Zahlen Bilder werden, 6. Aufl., Wiesbaden 2005

Literatur vor 1990

Abels, H., Degen, H., Handbuch des statistischen Schaubilds, Herne/Berlin 1981
Adam, D., Losgröße, optimale, in: HWB, Band 2, 4. Aufl., Stuttgart 1975, Sp. 2549 ff.
Albach, H., Kennzahlen deutscher Aktiengesellschaften, in: WPg. 1967, S. 505 ff.
Albach, H., Informationswert, in: HWO, Stuttgart 1969, Sp. 720 ff.
Anderson, O., Probleme der statistischen Methodenlehre in den Sozialwissenschaften, 4. Aufl., Würzburg 1962
Antoine, H., Kennzahlen, Richtzahlen, Planungszahlen, 2. Aufl., Wiesbaden 1958
Baetge, J., Möglichkeiten der Optimierung des Jahreserfolges, Düsseldorf 1970

Bamberg, G., Coenenberg, A. G., Kleine-Doepke, R., Zur entscheidungsorientierten Bewertung von Informationen, in: ZfbF 1976, S. 30 ff.
Bentz, S., Kennzahlensysteme zur Erfolgskontrolle des Verkaufs und der Marketing-Logistik, Frankfurt 1983
Berndsen, R., Erkenntniswert der Bilanzstatistik der Aktiengesellschaften für die Finanzierung der Unternehmen, in: Finanzierungshandbuch, hrsg. v. H. Janberg, 2. Aufl., Wiesbaden 1970, S. 139 ff.
Berthel, J., Modelle, allgemein, in: HWR, Stuttgart 1970, Sp. 1 122 ff.
Berthel, J., Zielorientierte Unternehmenssteuerung. Die Formulierung operationaler Zielsysteme, Stuttgart 1973
Berthel, J., Betriebliche Informationssysteme, Stuttgart 1975
Berthel, J., Information, in: HWB, Band 2, 4. Aufl., Stuttgart 1975, Sp. 1865 ff.
Bidlingmaier, J., Unternehmensziele und Unternehmensstrategien, Wiesbaden 1964
Bidlingmaier, J., Die Deutung zielgerichteter Informationen für die Unternehmensführung, in: ZfO 1970, S. 97 ff.
Bischoff, W., Cash Flow und Working Capital Schlüssel zur finanzwirtschaftlichen Unternehmensanalyse, Wiesbaden 1972
Bleymüller, J., Gehlert, G., Gülicher, H., Statistik für Wirtschaftswissenschaftler, 5. Aufl., München 1988
Blohm, H., Die Gestaltung des betrieblichen Berichtswesens als Problem der Leitungsorganisation, Herne/Berlin 1970
Blohm, H., Informationswesen, Organisation des, in: HWB, Band 2, 4. Aufl., Stuttgart 1975, Sp. 1924 ff.
Blümle, E. B., Schwarz, P., Kennziffern als Entscheidungsgrundlagen für das Verbandsmanagement, in: Verbands-Management, Forschungsstelle für Verbandspolitik, Universität Freiburg/ Schweiz, 1/1976, S. 13 ff.
Buchner, R., Grundzüge der Finanzanalyse, München 1981
Buchner, R., Finanzwirtschaftliche Statistik und Kennzahlenrechnung, München 1985
Bürkler, A., Kennzahlensysteme als Führungsinstrument, Zürich 1977
Bühler, W., Cash flow, in: HWB, Band 1, 4. Aufl., Stuttgart 1974, Sp. 1079 ff.
Büschgen, H. E., Wertpapieranalyse, Stuttgart 1966
Dreger, W., Management-Informationssysteme, Systemanalyse und Führungsprozess, Wiesbaden 1973
Dworatschek, S., Management-Informations-Systeme, Berlin/New York 1971
Dworatschek, S., Donike, H., Wirtschaftlichkeitsanalyse von Informationssystemen, Berlin/New York 1972
Endres, W., Sinn und Grenzen des Betriebsvergleichs, in: ZfB 1969, S. 23 ff.

Endres, W., Betriebsgruppenvergleiche im Dienst betriebswirtschaftlicher Forschung und Lehre, in: ZfB 1971, S. 723 ff.
Endres, W., Kennzahlen, betriebliche, in: HWB, Band 2, 4. Aufl., Stuttgart 1975, Sp. 2153 ff.
Erne, P., Der Betriebsvergleich als Führungsinstrument, Bern/ Stuttgart 1971
Esenwein-Rothe, J., Kennzahlen, statistische, in: HWR, Stuttgart 1970, Sp. 816 ff.
Filz, B., Fuhrmann, R., Giehl, M., Hoya, U., Vastag, A., Kennzahlensysteme für die Distribution, Köln 1989
Flaskämper, P., Allgemeine Statistik, 2. Aufl., Hamburg 1962
Fuchs-Wegner, G., Management-Prinzipien und -Techniken, in: HWB, Band 2, 4. Aufl., Stuttgart 1975, Sp. 2571 ff.
Galler, E., Die Kennzahlenrechnung als internes Informationsinstrument der Unternehmung, Diss. München 1969
Garbe, H., Informationsbedarf, in: HWB, Band 2, 4. Aufl., Stuttgart 1975, Sp. 1873 ff.
Graurock, W., Betriebswirtschaftliche Vergleiche als Wissenschaftliches Erkenntnismittel, Köln 1975
Gretz, W., Durch Kennziffernanalyse zum Geschäftserfolg, Stuttgart 1971
Groll, K.-H., Erfolgssicherung durch Kennzahlen-Systeme, 2. Aufl., Freiburg 1988
Hänsel, H., Grundzüge der Fehlerrechnung, 2. Aufl., Berlin 1966
Härle, D., Finanzierungsregeln und ihre Problematik, Wiesbaden 1961
Häussler, J., Grundfragen der Betriebsführung Eine Analyse der Führungsproblematik in Wissenschaft und Praxis, Wiesbaden 1966
Hampe, A., Statistik für Betriebswirte I, 2. Aufl., Stuttgart 1972
Hampe, A., Statistik für Betriebswirte II, 2. Aufl., Stuttgart 1974
Hartung, J., Elpelt, B., Klösener, K.-H., Statistik, 8. Aufl., München, Wien 1991
Hauschildt, J., Bilanzanalyse mit Kennzahlensystemen, in: Harzburger Hefte 1970, S. 28 ff.
Hecker, R., Ein Kennzahlensystem zur externen Analyse der Ertragsund Finanzierungskraft von Industrieaktiengesellschaften, Frankfurt/Main-Zürich 1975
Heigl, A., Betriebliche Ertragssteuerkennzahlen, Köln 1974
Heinen, E., Betriebliche Kennzahlen Eine organisationstheoretische und kybernetische Analyse, in: Dienstleistungen in Theorie und Praxis. Otto Hintner zum 70. Geburtstag, hrsg. v. H. Linhardt, P. Penzkofer und P. Scherpf, Stuttgart 1970, S. 227 ff.
Heinen, E., Grundlagen betriebswirtschaftlicher Entscheidungen. Das Zielsystem der Unternehmung, 3. Aufl., Wiesbaden 1976
Heinen, E., Industriebetriebslehre, 7. Aufl., Wiesbaden 1983

Hirsch, R., Informationswert und -kosten und deren Beeinflussung, in: ZfbF 1968, S. 670 ff.

Hofmann, R., Bilanzkennzahlen, Möglichkeiten und Grenzen ihrer Anwendung, in: DB 1973, S. 533 ff., S. 581 ff.

Hofmann, R., Bilanzkennzahlen, 4. Aufl., Wiesbaden 1977

Ingham, H., Interfirm Comparison, in: The Manager, Vol. 29 (1961), S. 464-468

Ingham, H., Harrington, L. T., Interfirm Comparison, for Management, Southampton 1962

Jacobs, O. H., Greif, M., Weber, D., Möglichkeiten und Grenzen der Informationsgewinnung mit Hilfe der Bilanzanalyse, in: WiSt 1972, S. 425 ff., S. 472f.

Jacobs, O. H., EDV-gestützte Jahresabschlussanalyse als Planungs- und Entscheidungsrechnung, München 1989

Juesten, W., Cash Flow und Unternehmensbeurteilung. Ermöglicht die Cash-Flow-Rechnung eine Schnell-Analyse?, Berlin 1972

Kalussis, D., Betriebsvergleich, in: HWB, Band 1, 4. Aufl., Stuttgart 1974, Sp. 683 ff.

Kern, W., Kennzahlensysteme als Niederschlag interdependenter Unternehmensplanung, in: ZfbF 1971, S. 701 ff.

KKB Bank AG: Wirtschaft im Schaubild, Bonn 1989

Knief, P., Dynamische Betrachtungsweise der wirtschaftlichen Lage des Unternehmens, Köln 1989

Koberstein, H., Statistik in Bildern, Stuttgart 1973

Köhler, R., Ermittlungsziele und Aussagefähigkeit von Cash Flow Analysen, in: WPg. 1970, S. 385 ff.

Köhler, R., Informationssysteme für die Unternehmensführung, in: ZfB 1971, S. 27 ff.

Köhler, R., Modelle, in: HWB, Band 2, 4. Aufl., Stuttgart 1975, Sp. 2701 ff.

Kroeber-Riel, W., Die Prüfung von Kennzahlen im Rahmen betrieblicher Informationssysteme, in: Unternehmung und Markt, Festschrift für C. W. Meyer, hrsg. v. H. R. Hansen, Berlin 1969, S. 51 ff.

Küting, Kh., Grundsatzfragen von Kennzahlen als Instrument der Unternehmensführung, in: WiSt 1983, S. 237 ff.

Lachnit, L., Kennzahlensysteme als Instrument der Unternehmensanalyse, dargestellt an einem Zahlenbeispiel, in: WPg. 1975, S. 39 ff.

Lachnit, L., Zur Weiterentwicklung betriebswirtschaftlicher Kennzahlensysteme, in: ZfbF 1976, S. 216 ff.

Lachnit, L., Systemorientierte Jahresabschlussanalyse, Wiesbaden 1979

Lauzel, P., Cibert, A., Des ratios au tableau de bord, Paris 1959

Leffson, U., Bilanzanalyse, 3. Aufl., Stuttgart 1984

Lehmann, H., Kybernetik, in: HWB, Band 2, 4. Aufl., Stuttgart 1975, Sp. 2411 ff.

Männel, W., Weber, J., Formeln und Kennzahlen im Fertigungsbereich, in: WiSt 1982, S. 579 ff.
Mag, W., Informationsbeschaffung, in: HWB, Band 2, 4. Aufl., Stuttgart 1975, Sp. 1882 ff.
Mattesich, R., Messung und Bewertung, in: HWR, Stuttgart 1970, Sp. 1105 ff.
Maul, H., Kennzahlensysteme zur dauernden Überwachung des Betriebsablaufs, Köln 1965
Mayer, L., Mayer, L., Bilanz- und Betriebsanalyse, 4. Aufl., Wiesbaden 1970
Meffert, H., Computergestützte Marketing-Informationssysteme, Wiesbaden 1975
Meyer, C., Der Nachweis der Ertragslage von Konzernen mit Hilfe konsolidierter Jahresabschlüsse, in: WPg. 1975, S. 257 ff.
Meyer, C., Normung und zentrale Ermittlung betriebswirtschaftlicher Kennzahlen und Kennzahlen-Systeme, in: DB 1978, S. 1553 ff.
Meyer, C., Der Cash Flow und seine Verwendung in den Geschäftsberichten deutscher Unternehmen, in: BBK 1985, S. 513 ff.
Morgenstern, O., Über die Genauigkeit wirtschaftlicher Beobachtungen, 2. Aufl., Wien-Würzburg 1965
Nowak, P., Betriebswirtschaftliche Kennzahlen, in: HdW, Band 1, 2. Aufl., Köln und Opladen 1966, S. 703 ff.
Pfanzagl, J., Allgemeine Methodenlehre der Statistik I, 5. Aufl., Berlin-New York 1972
Popp, W., Lagerhaltungsmodelle, in: HWB, Band 2, 4. Aufl., Stuttgart 1975, Sp. 2443 ff.
Radke, M., Statistik für den Betriebsleiter, München 1969
Radke, M., Absatzkennzahlen, München 1975
Reichmann, Th., Lachnit, L., Planung, Steuerung und Kontrolle mit Hilfe von Kennzahlen, in: ZfbF 1976, S. 705 ff.
Reichmann, Th., Grundlagen einer systemgestützten Controlling-Konzeption mit Kennzahlen, in: ZfB 1985, S. 887 ff.
Riedel, G., Betriebsstatistik wie aufbauen, wie auswerten?, Stuttgart 1967
Riedwyl, H., Graphische Gestaltung von Zahlenmaterial, 3. Aufl., Bern 1987
Rietmann, P., Standard-Formularsatz zur rationellen Durchführung von Bilanz-Analysen in der Praxis, Winterthur 1970
Sandig, C., Finanzierung mit Fremdkapital, Stuttgart 1965
Schäfer, E., Die Funktionalbetrachtung in der Betriebswirtschaftslehre, in: Gegenwartsprobleme der Betriebswirtschaft, Festschrift für W. Le Coutre, Baden-Baden, Frankfurt a.M. 1955, S. 11 ff.
Scheunig, E., Unternehmensführung durch Kennzahlen, Baden-Baden/Bad Homburg 1967
Schnettler, A., Betriebsanalyse, 2. Aufl., Stuttgart 1960

Schnettler, A., Betriebsvergleich, 3. Aufl., Stuttgart 1961
Schott, G., Praxis des Betriebsvergleichs, Düsseldorf 1956
Schulze, H.-H., Zum Problem der Messung wirtschaftlichen Handelns mithilfe der Bilanz, Berlin 1966
Schulz-Mehrin, O., Kennziffern, betriebliche, in: HWB, Band 2, 3. Aufl., Stuttgart 1958, Sp. 3142 ff.
Schulz-Mehrin, O., Betriebswirtschaftliche Kennzahlen als Mittel zur Betriebskontrolle und Betriebsführung, Berlin 1960
Schwarz, H., Arbeitsplatzbeschreibungen, 10. Aufl., Freiburg 1987
Siegwart, H., Der Cash-flow als finanz- und ertragswirtschaftliche Lenkungsgröße, Stuttgart 1989
Staehle, W. H., Kennzahlen und Kennzahlensysteme als Mittel der Organisation und Führung von Unternehmen, Wiesbaden 1969
Staehle, W. H., Kennzahlensysteme als Instrument der Unternehmensführung, in: WiSt 1973, S. 222 ff.
Staudt, E. und Mitarbeiter: Kennzahlen und Kennzahlen-Systeme, Berlin 1985
Szyperski, N., Rechnungswesen als Informationssystem, in: HWR, Stuttgart 1970, Sp. 1510 ff.
Szyperski, N., Informationssysteme, in: HWB, Band 2, 4. Aufl., Stuttgart 1975, Sp. 1900 ff.
Teichmann, H., Die Bestimmung der optimalen Information, in: ZfB 1971, S. 745 ff.
Teichmann, H., Informationsbewertung, in: HWB, Band 2, 4. Aufl., Stuttgart 1975, S. 1894 ff.
Vodrazka, K., Betriebsvergleich, Stuttgart 1967
Wagner, J., Die Aussagefähigkeit von Cash-flow-Ziffern für die Beurteilung der finanziellen Lage einer Unternehmung, in: DB 1985, S. 1601 ff., S. 1649 ff.
Weber, H. K., Die Wertschöpfungsrechnung auf der Grundlage des Jahresabschlusses, in: HdJ, Köln 1986
Wild, J., Informationskostenrechnung auf der Grundlage informeller Input-, Output- und Prozessanalysen, in: ZfbF 1970, S. 218 ff.
Wild, J., Planungsrechnung, Verfahren der, in: HWR, Stuttgart 1970, Sp. 1412 ff.
Wissenbach, H., Betriebliche Kennzahlen und ihre Bedeutung im Rahmen der Unternehmerentscheidung, Berlin 1967
Witte, E., Informationsverhalten, in: HWB, Band 2, 4. Aufl., Stuttgart 1975, Sp. 1915 ff.
Wolf, J., Kennzahlensysteme als betriebliche Führungsinstrumente, München 1977
Wolff, P. de: Betriebsstatistik, München 1968

Zentralverband der Elektrotechnischen Industrie e.V. (neu: Zentralverband Elektrotechnik- und Elektronikindustrie e.V.): ZVEI-Kennzahlensystem, 4. Aufl., Frankfurt 1989

Zimmermann, W., Formeln und Kennzahlen in Datenverarbeitung und Organisation, in: WiSt 1983, S. 190 ff.

Stichwortverzeichnis

Abbildungsmodalität 45
Absatz (Kennzahlen) 107
Abschreibungen (Kennzahlen) 120
Ähnlichkeit 20, 45
Aktualität 43, 46, 57, 80
Angebots- und Auftragsverhältnisse
 (Kennzahlen) 110
Anspruchsniveau 48, 75, 80
Arbeitszeit (Kennzahlen) 116
Aufbereitung
 Jahresabschluss 60
 Verfahren der 46, 63
Aufgaben, betriebliche 41
Aufgabendefinition 44
Aufwand (Kennzahlen) 132
Balanced Scorecard 159
Bedarf von Kennzahlen und Kennzahlen-
 Systemen 41
Benchmarking 77
Berichtswesen 87
Beschaffung (Kennzahlen) 89
Beschäftigung (Kennzahlen) 101
Bestellwesen (Kennzahlen) 90
Betrieb 17
Betriebsprozess 29, 33
Betriebssteuerung 87
Betriebsvergleich 72
Bildstatistiken 83
Buchführung 45, 59
Cash Flow Return on Investment 166, 169
Darstellung, Verfahren der 81
Data Warehouse 34, 87
Diagramme 83
Discounted Cash Flow 163
Diskriminanzanalyse 77
DuPont-System of Financial Control 141
Economic Value Added 167
EDV 63, 87

Eigenschaften von Informationen 43
Einkauf (Kennzahlen) 92
Einsatzbereiche 36
Einsatzmöglichkeiten 33
Einsatzvoraussetzungen 37
Erfolgsspaltung 61, 132, 137
Erkenntniswert 23, 71
Ermittlung
 Fehler bei der 65
 Stufen, Methoden, Grundlagen 46, 51
Ermittlungsmethoden
 graphisch 52
 mathematisch 52
 Schätzungen 53
Ertrag (Kennzahlen) 132
Ertragslage (Kennzahlen) 132
Fehler, -ausgleich, -aggregation 46, 51, 64
Fehlerbereich 46, 64
Fehlerursachen 64
Finanzbuchhaltung 45, 59
Finanzierung (Kennzahlen) 127
Finanzwirtschaft (Kennzahlen) 120
Formalaufbau 44, 64, 75
Forschung und Entwicklung (Kennzahlen)
 106
Funktionen, betriebliche 19, 23, 28, 36, 41,
 74
Genauigkeit 43, 45, 57, 80
Grundformel 89
Handlungsphasen 29
Information
 Begriff 19
Information
 Eigenschaften 43, 57
Informationsbedarf 19, 29, 41, 44, 58
Informationsbedarfsanalyse 41
Informationsbewertung, -nutzen 19, 43, 47
Informationskostenrechnung 47

Informationsprozess 29
Informationsqualität 43, 48, 57
Informations-Systeme 30, 34
Investition (Kennzahlen) 120
Isomorphie 45
Jahresabschluss 60
　Ähnlichkeit und Beurteilung 45, 59, 77
　Kennzahlen 120
Kapazität (Kennzahlen) 101
Kapitalstruktur (Kennzahlen) 123
Kennzahlen
　Absatz 107
　Arten 22, 89
　Aufbereitung 63
　Auswertung 34
　Bedarf 41
　Begriff, Merkmale 17, 26
　Beschaffung 89
　beschreibende, erklärende,
　　vorhersagende 72
　Bildung 34, 43
　Eigenschaften 43
　Einsatzmöglichkeiten 33
　Erkenntniswert 71
　Ermittlung 51
　Fehler, -ausgleich, -aggregation 64
　Finanzwirtschaft, Jahresabschluss 120
　Formalaufbau 44, 64, 75
　Funktion 29
　Lagerwirtschaft 95
　Nachfrage nach 43
　optimale 48
　Personalwirtschaft 114
　Produktion 99
　Standard-Kennzahlen 42
　Struktur 22, 53
　Überprüfung 80
Kennzahlenkonzentrate 77
Kennzahlen-Systeme
　Aufbereitung 63
　Auswertung 34

Bedarf 41
Begriff, Arten 25
beschreibende, erklärende,
　vorhersagende 72
Bildung 34, 43
Eigenschaften 43
Einsatzmöglichkeiten 33
Fehler, -ausgleich, -aggregation 64
Formalaufbau 44, 64, 75
Funktion 29
Merkmale 45
Nachfrage nach 43
optimale 48
Standard-Kennzahlen-Systeme 42
Überprüfung 80
Kennzahlentyp 24, 53
Kennzahlenzerlegung 26
Kommunikationsinstrumente,
　innerbetriebliche 87
Konkurrenzanalyse 73
Kontrolle 29, 33, 81
Korrekturfaktor 66
Kosten-Nutzen-Relation 43, 47, 57, 80
Kostenrechnung 59
Kybernetik 34
Lagerbestände (Kennzahlen) 95
Lagerbewegungung (Kennzahlen) 97
Lagerwirtschaft (Kennzahlen) 95
Leistungserstellung und -verwertung,
　Prozess der 17, 36, 41, 59
Leitzahlen, -sätze, -bilder 36
Liquidität (Kennzahlen) 44, 127
Maßstab 19, 83
Messbarkeit 20
Messen, Prozess des 19
Messmethoden 19, 44
Messobjekt 19, 44
MIDIAS, Kennzahlen-System 150
Mittel-Zweck-Hierarchie 34
Modell 20, 60

STICHWORTVERZEICHNIS 189

Nachfrage nach Kennzahlen und -Systemen 43
Organisationsstruktur 41
Personalaufwand und Personalbeurteilung (Kennzahlen) 117
Personalbestand, -struktur (Kennzahlen) 114
Personalwirtschaft (Kennzahlen) 114
Planung 29, 33, 59, 73, 81
Preis und Preisentwicklung (Kennzahlen) 107
Preisverhältnisse (Kennzahlen) 93
Produktion (Kennzahlen) 99
Produktionsfaktoren (Kennzahlen) 99
Produktivität (Kennzahlen) 103
Quantifizierbarkeit 20, 36, 45
Regelkreise, kybernetische 35
Rentabilität des Eigenkapitals 51, 68, 134
Return on Investment 141
RL-Kennzahlen-System 156
Schätzung 53
Segmentberichterstattung 87, 111, 137
Shareholder Value 163
Standard-Kennzahlen und -Systeme 42
stille Reserven 60
Störungsfaktoren 75, 80
Strukturmerkmale 22, 53
Tabelle 81
Tätigkeitsfelder 37
Überprüfung 80
Umsatz und Umsatzbeurteilung (Kennzahlen) 111

Umschlagshäufigkeiten (Kennzahlen) 97, 125
Unterlagen für die Ermittlung 57
Unternehmensfortführung 61
Ursachenforschung 72, 73, 78
Ursachen-Wirkungszusammenhang 27, 72, 80, 141, 147
Vergleich
    inner- und zwischenbetrieblicher 72, 73, 146
    Methode der Beurteilung 75
    Methode der Ursachenforschung 78
Vermögensstruktur (Kennzahlen) 120
Wertorientierte Unternehmensführung 163
Wertschöpfung (Kennzahlen) 103
Wettbewerbsanalyse 73
Wirkungsforschung 73, 79
wirtschaftliche Betrachtungsweise 61
Wirtschaftlichkeit (Kennzahlen) 103
Zahlen
    absolute 20, 22, 65
    allgemein 19
    Arten von Kennzahlen 22, 89
    Beziehungszahlen 20, 22, 54, 79
    Verhältniszahlen 20, 65
Zentralverband der Elektrotechnischen Industrie e.V., Kennzahlen-System 69, 146
Zielsystem 34, 45
Zuordnung
    fristenkongruente 62
Zweckeignung 43, 44, 57, 80

Schriftenreihe der  MEYER STIFTUNG

Die gemeinnützige „Claus und Brigitte Meyer-Stiftung" wurde im Frühjahr 2005 ins Leben gerufen. Zweck der Stiftung ist es, Wissenschaft und Forschung, Bildung und Erziehung zu fördern und bedürftige Studierende der Hochschule Pforzheim zu unterstützen. Realisiert wird dies durch die Verleihung des Thomas-Gulden-Preises und die Vergabe von Zuschüssen. Die Stiftung geht auf die Initiative des emeritierten Professors Dr. Claus Meyer zurück.

In der Schriftenreihe der MEYERSTIFTUNG (hrsg. von Prof. Dr. Claus Meyer) werden die Arbeiten der Preisträger veröffentlicht.

Band 1: Sybille Molzahn, Die Bilanzierung der betrieblichen Altersversorgung nach HGB und IFRS, 2., überarb. u. erw. Aufl. 2007, ISBN 978-3-89673-432-7

Band 2: Paul Pronobis, Das Umsatzkostenverfahren im internationalen Vergleich. Beschreibung des Aufbaus sowie der einzelnen Posten nach HGB, IFRS und US-GAAP, 2007, ISBN 978-3-89673-425-9

Band 3: Veronika Trauth, Sukzessive Unternehmenserwerbe/-veräußerungen im Konzernabschluss nach IFRS. Darstellung, Würdigung, Beispiele, 2007, ISBN 978-3-89673-433-4

Band 4: Patrick Krauß, Publizität von Abschlussprüferhonoraren bei kapitalmarktorientierten Unternehmen. Zielsetzung und Wirkung der Regelungen im Bilanzrechtsreformgesetz, 2008, ISBN 978-3-89673-446-4

Band 5: Jürgen Halter, Werthaltigkeitsprüfung von zahlungsmittelgenerierenden Einheiten nach IAS 36. Darstellung und konzeptionelle Kritik unter besonderer Berücksichtigung des Nutzungswerts, 2008, ISBN 978-3-89673-468-6

Band 6: Carolin Schwarz, Kaufpreisvereinbarungen im Rahmen von Unternehmensakquisitionen und deren bilanzielle Behandlung nach IFRS, 2008, ISBN 978-3-89673-490-7

Band 7: Friederike Maier, Rückstellungen nach IFRS. Kritische Analyse und aktuelle Entwicklungen unter besonderer Beachtung von Entsorgungs- und Wiederherstellungsverpflichtungen, 2009, ISBN 978-3-89673-515-7

Band 8: Barbara Stütz, Steuerwettbewerb in Europa, 2009, ISBN 978-3-89673-530-0

Band 9: Viktoria Zerr, Ansatzpunkte zur Optimierung des Controllingsystems im kommunalen Immobilienmanagement, 2010, ISBN 978-3-89673-551-5

Band 10: Christian Friedel, Die ertragsteuerliche Behandlung und deren Gestaltungsmöglichkeiten bei der GmbH & atypisch Still, 2011, ISBN 978-3-89673-596-6